अपनी सीमाएं पहचानो — फिर उन्हें अनदेखा करो

लेखक

जॉन मेसन

हिन्दी अनुवाद: समीर गांगुली

101 ''खरे सोने' आपको अपनी बाधाओं को तोड़ने, नई ऊंचाइयों को छूने और सपनों को साकार करने में मदद करेंगे.

EBD

EMBASSY BOOKS
www.embassybooks.in

अपनी सीमाएं पहचानो — फिर उन्हें अनदेखा करो

First Indian Edition : 2005

Published in India by:
EMBASSY BOOK DISTRIBUTORS,
120, Great Western Building,
Maharashtra Chamber of Commerce Lane,
Fort, Mumbai - 400 023.
Tel : (+91-22) 22819546 / 32967415
Email : info@embassybooks.in
Website: www.embassybooks.in

Cover Design by Banner Media Services, INC.

ISBN : 978-93-80227-68-9

Printed and bound in India.

समर्पित

मेरी खूबसूरत पत्नी लिंडा को, उसकी ईमानदारी और प्यार के लिए

मेरी बेटी, मिशेल को, डैड की # 1 फैन होने के लिए

मेरे बेटे ग्रेग को, कई रूपों में उससे मिली मदद के लिए

मेरे बेटे माइक को, उसकी अद्भुत उदारता के लिए

मेरे बेटे डेव को उसकी लाजवाब जिन्दादिली के लिए

आभार

शैजर ब्रुहन को, जिसकी अंतर्दृष्टि मुझे प्रेरणा देती है.

पेस्टॉर एड गुंगॉर को, जिसने मुझे ईश्वर और अच्छे लोगों से
प्यार करना सिखाया.

माइक लूमिस को, जिसने मुझे मजबूत समर्थन दिया.

टिम रेडमॉण्ड को जिसने मुझे अनदेखे को देख पाने का उपहार दिया.

टॉम विन्टर्स को जिसने मुझे नेक सलाहों से उपकृत किया.

विषय क्रम

भूमिका

क्या आपने सर्कस के टेंट के बाहर खूंटे से रस्सी के सहारे बंधे हाथी को देखा है? वह सारा दिन वहां बंधा रहता है और सर्कस में करतब दिखाने की अपनी बारी का इंतज़ार करता है. यह विशाल प्राणी खूंटा उखाड़कर भाग क्यों नहीं जाता? क्या उसे आज़ादी प्यारी नहीं? क्या उसमें इतनी ताकत नहीं? बेशक वह यह काम आसानी से कर सकता है.

जब वह हाथी छोटा था, तो यह खूंटा उसे बांधे रखता था. सचमुच तब यह बच्चा हाथी खुद को आज़ाद कराने के लिए जी – जान से कोशिश करता था, और इस कोशिश में खुद को जख्मी कर लेता था. खूंटे को खींच – खींच कर उसके पैरों से खून बहने लगता था. और ऐसा करते – करते जल्द ही उसे सबक मिल गया कि खूंटा खींचने में कोई फायदा नहीं. और फिर उसे यकीन हो गया कि वह जीवन भर खुद को खूंटें से अलग नहीं कर सकता. क्या हम भी बहुत कुछ उस हाथी के जैसे नहीं हैं? क्या ऐसी चीज़ें हमें बांधे नहीं रखती, जिनमें वास्तव में ऐसा करने की ताकत नहीं है?

हमारे ऊपर हर दिन सीमाएं थोपी जाती हैं. हर दिन हमारे सामने एक विकल्प होता है – इसे स्वीकार या अस्वीकार करें. इस पुस्तक को लिखने का मकसद यही है कि आपको बांधे रखनेवाली सीमाओं पर हमला बोला जाए. मैं यह मानता हूं कि हम सभी को एक उद्देश्य से, एक उद्देश्य के लिए बनाया गया है. और इस उद्देश्य को हासिल करने के लिए हमें 'खूंटे' को उखाड़ फेंकना होगा और दौड़ना होगा.

खरा सोना # 1

''लीक तोड़ो, नई राह जोड़ो.''
(जॉयल बड)

अगर आप यह देखना चाहते हैं कि आपको वाकई तैरना आता है या नहीं, तो छिछले पानी में कूद कर खुद को मत कोसिए. चार्ल्स श्वाब ने सही कहा है, ''जब आदमी को कोई सीमा बनानी हो कि वह क्या करेगा, तो उसे वह सीमा बनानी चाहिए जो कि वह कर सकता हो.'' छोटी बात सोचने के लिए ज़िन्दगी बहुत छोटी है.

ज़्यादातर लोग उससे ज़्यादा कर सकते थे जितना कि वे कर सकने का भरोसा करते थे, मगर अक्सर उससे कम ही करते हैं. आप कितना कर सकते हैं, वह तब तक नहीं जान पाएंगे, जब तक कि कोशिश नहीं करेंगे. ऑस्कर वाइल्ड की बात से मैं बिल्कुल सहमत हूं, ''औसत होना घातक है. आगे बढ़ने वाले ही जीतते हैं'' सब कुछ संभव है – कभी नहीं शब्द का इस्तेमाल कभी नहीं करें.

डॉ. जे. ए. होक्स का कहना है, ''किसी नौजवान से यह हर्गिज़ न कहना कि अमुक काम मुमकिन नहीं है. ईश्वर शायद शताब्दियों से किसी ऐसे व्यक्ति का इंतज़ार कर रहा हो जो कि असंभव कार्य से अन्जान हो.'' अगर *आप* खुद अपने सपनों का मूल्य नहीं आंक सकते तो कोई भी दूसरा उनकी कीमत नहीं देगा. आप गौर करके देखिए महान पुरूष दूसरे लोगों के नज़रिए से शायद ही व्यावहारिक थे.

आपका भविष्य उस दायरे से कहीं बाहर है जिसमें इस समय आप है. कावेट रॉबर्ट ने कहा है, ''अगर किसी व्यक्ति ने अपनी ज़िन्दगी में ऐसा कोई लक्ष्य चुना है, जिसे पूर्णत: हासिल किया जा सकता हो तो उसने अपनी सीमाएं बता दी हैं.'' इसलिए इसके बदले आर्ट सेपुलवेडा की बात मानिए, ''एक इतिहास बनाओ और दुनिया को हिलाकर रख दो.'' वहां जाओ, जहां तुम इससे पहले कभी नहीं गये हों.

सबसे ऊंचे वृक्ष पर चढ़ने पर ही आपको सबसे बढ़िया फल मिलते हैं. डैग हैमर्सक्जोल्ड कहते हैं,'' क्या ज़िन्दगी का कद बहुत लम्बा है? या फिर आपके हाथ बहुत छोटे हैं, आपका दृष्टिकोण धुंधला है? आपको अवश्य ही बढ़ना होगा'' ग्लोरिया स्वानसन ने कहा था, ''कभी भी, कभी नहीं ना कहना. कभी नहीं एक लंबा, भरोसा ना करने लायक शब्द है जबकि ज़िन्दगी शानदार संभावनाओं से भरी है.''

किसी विचार को असंभव मानना उसे ऐसा बनाने जैसा है. ज़रा सोचिए कितनी ही शानदार परियोजनाओं और संकल्पनाओं की सिर्फ इसलिए भ्रूण हत्या हुई है क्योंकि उनके बारे में छोटा सोचा गया है कायरतापूर्ण कल्पना की गई है. माराबेयू की एक बात मुझे बड़ी पसंद है. जब उसने 'असंभव' शब्द सुना तो कहा, ''यह मूर्खतापूर्ण शब्द मेरे सामने दोबारा मत दोहराना.''

पर्ल बक का कहना है, ''सभी चीज़ें संभव है जब तक कि वे असंभव साबित नहीं हो जाती, बल्कि सिर्फ अभी के लिए असंभव हो सकती हैं.'' कोई न कोई वह काम अवश्य कर रहा है जिसके लिए किसी दूसरे ने कहा था कि यह नहीं हो सकता. क्या आपमें अकल्पनीय बातों पर विचार करने का जज्बा है.

ऐसी बातों को अनदेखा करने की एक अथाह क्षमता विकसित कीजिए जिसे दूसरे यह सोचते हैं कि नहीं किया जा सकता है. जहां बोए गये, वहीं उगने में कौन सा बड़प्पन है, तारीफ की बात तो वहां फलते – फूलते हुए छा जाने में है. डेनियल बेबस्टर ने कहा था, ''शीर्ष पर हमेशा जगह होती है.'' कोई भी पहले से अंदाज़ा नहीं लगा सकता है कि आप किन ऊंचाइयों को छू सकते हैं. बल्कि आप खुद भी तब तक नहीं जान सकते हैं जब तक आप अपने पंख नहीं पसारते हैं.

रोनाल्ड मैक्नायर का कहना है, ''आप तभी जीत सकते हैं अगर आप धार पर चलने को तैयार हों'' ढक्कन खोलिए, परिन्दे को उड़ान भरने दीजिए... यही तो फल प्राप्ति की दिशा है. स्पाइरेला ने लिखा है:

नीले, साफ आसमान में सरसराते उड़ने में रोमांच कहां

आम काम करने में आनन्द कहां

असली तसल्ली की तो बस एक ही मंजिल

पहुंचों वहां, जहां के बारे में कभी सोचा न था.

खरा सोना # 2

किसी व्यावहारिक व्यक्ति ने कब चांद – सितारों को छुआ है?

कदम – कदम फूंक कर रखते हुए आप किस्मत नहीं आजमा सकते. ह्यूज वालपोल का कहना है, ''सुरक्षा का दामन थाम कर मत चलिए यह दुनिया में सबसे खतरनाक चीज़ है,'' मतलब यह कि हम क्या है इस सुरक्षा को दांव पर लगाकर देखिए कि हम क्या बन सकते हैं. आप जो कुछ कर चुके हैं अगर उससे आगे कुछ नहीं करेंगे तो आपका विकास कैसे होगा? पार करने के लिए हमेशा कोई बड़ी बाधा चुनिए.

रश लिम्बॉग एक जाने – माने रेडियो कार्यक्रम आयोजक हैं. उनके एक कार्यक्रम का नाम बड़ा ही दिलचस्प है – *नो बाउन्ड्रीज़*. सचमुच जिन्दादिली से जीने का जबरदस्त जज्बा है. बस, अपनी आरामगाह से बाहर निकल आइए.

नियमों को जानिए फिर उनमें से कुछ को तोड़िए. सीमाओं को मत मानिए. अच्छा है, को अच्छा है के रूप में स्वीकार कर लेना, कोई अच्छी बात नहीं है. दूसरों के औसत–पन को बर्दाश्त करना आपको और ज्यादा औसत बनाता है.

मेल्विन एवान्स ने कहा है, ''भविष्य का निर्माण वे लोग करते हैं जो यह जानते हैं कि श्रेष्ठ चीज़ों का आना अभी बाकी है और उन्हें लाने में वे स्वयं मदद करेंगे. आशा की जगमगाती किरणों उनके दिमागों को रोशन करती हैं. वे संदेह करने के लिए रूकते नहीं हैं. उनके पास समय ही कहां होता है.'' जब आप एक व्यावहारिक इन्सान होते हैं तो आपका ध्यान हमेशा इस तात्कालिक, मापे जा सकने वाले पल पर होता है. इस तरीके से सोचना आपको सीमाओं में बांधता है तथा भविष्य की असीमित संभावनाओं पर विचार करने से रोकता है.

अगर आप सिर्फ वंश की छत्रछाया में रहते हैं तो आप खुले सूरज के नीचे अपने लिए कभी जगह नहीं बना पाएंगे. जाइए! दुनिया को नापिए! कुछ बड़े काम में शामिल होइए उम्मीद से बढ़कर कीजिए.

''डोर्थिया ब्राण्ड के अनुसार, ''जरूरी है जड़त्व और झल्लाहट को मिटाना; काम करो तो ऐसे करो जैसे नाकामयाब होना नामुमकिन हो.'' अतिसावधान व्यक्ति संभावनाओं के पुलों पर से गुजरने से पहले ही उन्हें जला जाता है. हाथ बांधकर फसल कटाई का इंतज़ार करनेवाले ज़्यादातर ऐसे लोग होते हैं जिन्होंने बुआई ही नहीं की. औसत आदमी ज्यादा की आस नहीं करते हैं और अक्सर उन्हें और भी कम मिलता है.

जब तक आप किसी महान उद्देश्य से नहीं जुड़ेंगे आपके सही मायनों में जीना शुरू नहीं करेंगे. ''सुरक्षा अक्सर एक अंधविश्वास होती है. इसका कोई अस्तित्व ही नहीं होता. न ही मनुष्य वास्तविक रूप में इसका अहसास पाता है. खतरे से बचना लम्बे दौर में सुरक्षित नहीं है. जीवन या तो एक अद्‌भुत रोमांच है या फिर कुछ भी नहीं है'' (हेलन केलर).

खरा सोना # 3

अगर आप बाहर अपनी जगह बनाना चाहते हैं तो ज़रा बाहर झांकिए!

अगर आपका प्रिय शब्द ''मैं'' है, तो मेरी बात ध्यान से सुनिए. हमारा ''मैं'' तमाम झगड़ों की जड़ है, भले ही हम इसे किसी भी सुर में बोलते हों. अपने इस प्रिय शब्द ''मैं'' को बदलकर ''तुम'' कीजिए. सच तो यह है कि ऐसा कोई अपने आप नहीं करता. जॉर्ज एडम्स का कहना है, ''जिस किसी ने भी कभी हमारे साथ दयालुता का कोई कार्य किया है या हमें प्रोत्साहन देने वाला एक शब्द भी बोला है, उसने हमारे चरित्र निर्माण, विचारों और हमारी सफलता में भी अपना योगदान दिया है.''

वेस्ले हुबर कहते हैं, ''आत्मकेन्द्रित व्यक्ति जैसा निर्जीव व्यक्ति कोई दूसरा नहीं जो कि अपनी सफलता के लिए खुद को शाबाशी देता है और खुद को खुद से मापता है तथा अपने परिणामों पर मुग्ध रहता है.'' अपने ही मस्तिष्क में पौराणिक – पुरूष मत बन जाइए.

नार्मने विन्सेन्ट पेले का ख्याल है, ''जो आदमी खुद के लिए जीता है वह एक असफल आदमी है. भले ही उसके पास बहुत सारा धन – सम्पत्ति, शक्ति और रूतबा हो, फिर भी वह नाकामयाब है.'' अहंकार आदमी को उल्लू बनाता है. एक कहावत कहती है, ''क्या तुमने कोई ऐसा आदमी देखा है जो अपनी आंखों में अकलमंद हो.'' ऐसे में मूर्ख के लिए ज़्यादा गुंजाइश होगी.

जो आदमी अपने अलावा किसी पर विश्वास नहीं करता, वह एक बहुत छोटी दुनिया में रहता है. खुश रहने का सबसे अच्छा तरीका यही है कि खुद को भूल जाओ और दूसरों पर ध्यान केन्द्रित करो. हेनरी कॉर्टनी का विचार है, ''आदमी का सिर जितना बड़ा होता जाता है उसके जूतों में उतनी ही खाली जगह होती जाती है.'' अगर सिर्फ घमंड आपको ऊपर उठाता है तो समझ लीजिए यह गिराने के लिए है. अभिमानी सर हमेशा साबित कर देता है कि सुधार की काफी गुंजाइश है. डाक टिकट भी किसी काम के नहीं रहते, जब उन्हें एक के ऊपर एक करके चिपकाया जाता है.

''दुनिया के सबसे बड़े मैग्नीफाइंग ग्लास यानी आतिशी शीशे आदमी की अपनी आंखें हैं जब वे अपने पर एक व्यक्ति के रूप में नज़र डालते हैं. अंहकार एकमात्र ऐसी बीमारी है जिसमें रोगी खुद को अच्छा महसूस करता है, मगर अपने आसपास मौजूद सबको बीमार महसूस कराता है. इस पौधे में फूल तो खिलते हैं मगर फल नहीं आते.

जो लोग हमेशा अपना ढोल पीटते रहते हैं उन्हें शायद ही कभी तारीफ मिलती है. चार्ल्स इलियट सलाह देते हैं, ''अपने को बड़ा तीसमारखां ना समझें, दूसरों के बारे में सोचने की आदत डालें. आपको इसका पुरस्कार मिलेगा. निस्वार्थ भावना सदा अपना फल देती है.''

जब आप खुद को किसी बेलगाम घोड़े पर सवार पाएं, तो तुरन्त उतर जाएं. उसकी पीठ थपथपाकर आप आगे नहीं बढ़ सकते. बर्टन हिलिस का कहना है, ''अपने में यकीन होना अच्छी बात है, मगर हमें बिल्कुल आसानी से आश्वस्त भी नहीं हो जाना चाहिए.'' अहंकारी व्यक्ति का सबसे अच्छा मित्र वह स्वयं होता है. मेरा ख्याल है कि जिन व्यक्तियों को खुद से बहुत ज़्यादा प्यार हो उन्हें तलाक ले लेना चाहिए. जो व्यक्ति केवल अपने आप और केवल अपने लिए काम करता है उसकी अपनी संगति से भ्रष्ट होने के पूरे आसार हैं.

मैंने गौर किया है कि जो लोग स्व – निर्मित होने का दावा करते हैं उनके शरीर के कुछ अंग गायब होते हैं. आप किसी स्व – निर्मित व्यक्ति को आसानी से पहचान सकते हैं; उसका सिर बहुत बड़ा होता है और भुजाएं इतनी लंबी होती है कि वह अपनी पीठ खुद थपथपा सके. अहंकारी व्यक्ति कहीं नहीं जा सकता क्योंकि उसे लगता है कि वह वहां 'पहुंच' चुका है. आप ज़िन्दगी में जितने ऊपर जाते हैं दूसरों पर उतने ही निर्भर होते जाते हैं.

दूसरों के साथ मिलकर काम करें. याद रखिए केला जब भी शाख से अलग होता है उसे छील कर खा लिया जाता है. कुछ बोझ भारी होते हैं जब सब मिलकर उन्हें उठाते हैं.

खरा सोना # 4

मझधार में होना यानी किस्मत को रोना.

मेरा फैसला यह हो सकता है – और यही आखिरी बात होगी!'' क्या आपके साथ भी यही बात है? क्या आपने कभी गौर किया है कि इस दुनिया में कुछ ऐसे दयनीय लोग भी हैं जो कभी कोई फैसला नहीं कर सकते हैं. निर्णय लेने की क्षमता रखना सफल जीवन जीने के लिए नितान्त जरूरी है. हर उपलब्धि चाहे वह छोटी हो या बड़ी, उसकी शुरूआत एक फैसले के साथ ही होती है. निर्णय लिए बिना कोई महान कार्य कभी नहीं किया जा सका है.

अगर आप अनिर्णय के चक्रव्यूह में फंसे रहते हैं तो आप किस तरह की ज़िन्दगी जी पाएंगे. जेम्स हाईटावर का कहना है, ''सड़क के बीच में और कुछ नहीं सिर्फ पीली पट्टियां और मृत अहसास होते हैं.'' सच्चाई यह है कि सड़क के बीचोंबीच होना सबसे खतरनाक जगह पर होना है.

हरबर्ट प्रोशनो की राय है, ''एक समय ऐसा आता है जब हमें निर्णय लेना होता है कि हम किस राह पर चलेंगे, अन्यथा हालात की आंधियां हमारे लिए फैसला करेंगी.'' अनिर्णयकारी स्थितियां हमारे जीवन के हर पहलू को प्रभावित करती हैं. एक सूक्ति कहती है ''उलझे हुए आदमी का हर कदम डांवाडोल होता है.'' ज़िन्दगी की राह में चलते हुए असंख्य लोग यह नहीं जानते कि वे क्या चाहते हैं, मगर यह जरूर महसूस करते हैं कि उनके पास अमुक चीज़ नहीं है.

गाड़ी के साथ जुड़ा डिब्बा या ट्रेलर मत बनिए, जिसे कहीं भी ले जाने के लिए खींचना या धकेलना पड़े. यह जान लीजिए या तो आप अपने निर्णयों से दूसरों को चला रहे हैं या दूसरे आपको चला रहे हैं. एडगर रॉबर्ट्स का ख्याल है, ''हर मानव मस्तिष्क एक सुप्त महाशक्ति है जब तक कि कुछ करने की उत्कट इच्छा तथा निश्चित संकल्प से उसे जगाया नहीं जाता.'' आज ही फैसला कीजिए कि *आपको* कुछ करना है तथा अपनी ज़िन्दगी को बेहतर बनाइए. आगे आपकी मर्जी.

डेविड एम्ब्रोज कहते हैं, ''अगर आपके पास जीतने की चाह है तो आपने आधी सफलता प्राप्त कर ली है; और अगर नहीं है तो आप आधी बाजी हार चुके हैं.'' लो होल्ज़्ज की सलाह है.'' अगर आप जो काम कर रहे हैं अगर उसके प्रति आपमें पूरा

समर्पण नहीं है तो यह नाव में पानी भरना शुरू होने पर बचने का रास्ता खोजने जैसी स्थिति को निमंत्रण देना है. ऐसे में नाव को खेते हुए सही – सलामत किनारे पर लगाना बहुत मुश्किल है, ऐसी स्थिति में कोई सवार लाइफ जैकेट पहन कर अपना रास्ता खुद निकालने की सोचने लगे तो हैरत की बात नहीं.

सोचने और फैसला करने में फर्क होता है. जब आप किसी बात के लिए सोचते हैं तो आप उसे करना तभी शुरू करते हैं. जब उसके प्रति आश्वस्त होते हैं. जब आप किसी बात के प्रति आश्वस्त होते हैं तो आप कोई अगर – मगर नहीं करते, बस परिणाम चाहते हैं. निर्णय क्षमता की कमी ने असफलता में योग्यता या बुद्धिमत्ता की कमी से ज़्यादा योगदान दिया है.

जिस पल आप कुछ करने का निर्णय लेते हैं, तभी से सारी बातें आपके पक्ष में काम करने लगती है, जो कि अन्यथा नहीं हुई होती. इस बात की कोई शंका नहीं की जा सकती कि आप निर्णय लेकर समस्त अवसरों को आमंत्रित करते हैं कहिए, अवसरों की कमी है? कुछ निर्णय लेकर देखिए.

मॉरिस विट्जर की मान्यता है, ''आप जो चाहते हैं उसके बारे में आपको पहले से ही पता होना चाहिए.'' अनिर्णय की स्थिति दूसरे व्यक्तियों को फायदा पहुंचाती है जो पहले से सोच – विचार कर लेते हैं. हेलन केलर ने एक बार कहा था, ''विज्ञान के पास चाहे दुनिया की बड़ी से बड़ी बुराई का उपचार हो मगर उसके पास सबसे बड़ी बुराई का कोई समाधान नहीं है – यह है इन्सान की उदासीनता.'' बर्टेन्ड रसेल का कहना है, ''अनिर्णय जैसी उबाऊ चीज़ कोई दूसरी नहीं, और इतनी बेकार चीज़ भी कोई और नहीं.''

जोसफ न्यूटन ने कहा है, ''जो हमारे पास है, वह नहीं, बल्कि जो हम इस्तेमाल करते हैं; जो हम देखते हैं वह नहीं, बल्कि जो हम चुनते हैं–वे चीज़ें मानव खुशियों में योगदान देती हैं.'' अनिर्णय की स्थिति में रहते हुए आप कभी आगे नहीं बढ़ सकते. इसलिए आप जहां हैं, वहां से आगे बढ़िए, तय कीजिए कि आप कहां पहुंचना चाहते हैं.

खरा सोना # 5

'कुछ नहीं' और 'कुछ भी' में से एक को चुनना हो तो 'कुछ भी' को चुनें.

बरसों से इन्सान 'सुरक्षा है सर्वोपरि' का नारा लगाता आ रहा है... मगर यह कभी भी अग्रणी व्यक्तियों का प्रेरणा वाक्य नहीं रहा है. लीडर को खतरों से *खेलना* चाहिए. उसे जोखिम उठाना चाहिए और तूफान का छाती तान कर सामना करना चाहिए'' (हरबर्ट केसन). अगर आप कामयाब होना चाहते हैं तो या तो आपको मौका मिलना चाहिए या मौका लेना चाहिए. आप पानी से ऊपर अपने सिर को तब तक नहीं उठा पाएंगे जब तक कि गर्दन को ऊपर की ओर नहीं उठाएंगे.

कॉन्रेड हिल्टन की इस बात में दम है: ''मैं बहादुरी को प्रोत्साहन देना चाहता हूं क्योंकि वरिष्ठता तथा पेन्शन योजनाओं का लालच किसी व्यक्ति को अपना इंद्रधनुष खोजने के बजाए निश्चिंत होकर बैठने का खतरा पैदा कर सकता है. चंक यीगर का कहना है. ''आप अपना ध्यान जोखिमों पर नहीं केन्द्रित करते हैं. आप परिणामों पर ध्यान केन्द्रित करते हैं. कोई भी जोखिम इतना बड़ा नहीं हो सकता, जो आपको काम करने से रोके.''

जिस सपने में जोखिम का ज़रा सा अंश भी न हो उसे सपना मानने का सवाल ही नहीं होना चाहिए. हैलिफैक्स के अनुसार, ''जो आदमी अवसर के नाम पर कुछ नहीं छोड़ता, वह कुछ चीज़ों को खराब तरीके से करेगा, मगर वह कुछ चीज़ें करेगा.'' अगर आप कभी जोखिम नहीं लेंगे तो आप कभी भी महान कार्यों को नहीं कर पाएंगे. हर कोई मरता है, पर हर कोई ज़िन्दगी नहीं जीता है.

एलिजाबेथ केनी की राय है, ''सारी ज़िन्दगी भेड़ बने रहने से एक दिन शेर बनकर जीना कहीं अच्छा है.'' अगर आप कुछ करने की हिम्मत नहीं करते हैं तो आप शायद किसी चीज़ की आशा भी नहीं करते होंगे. अगर आप किसी चीज़ का जोखिम नहीं लेते हैं तो आप वास्तव में ज़्यादा जोखिम उठाते हैं. जॉन न्यूमैन ने लिखा है, ''गणना से कोई आदमी हीरो नहीं बना है.'' मैं लुइस प्लेरफोर्ड की इस बात से पूर्णत: सहमत हूँ. ''अगर आपमें हर तरह से सतर्क – चौकन्ने होने के गुण हैं तो खुद को मरा हुआ ही मान लीजिए.'' बड़प्पन की ओर बढ़ने के लिए आपको कदम – कदम पर खतरों से भिड़ना होगा.

यह निर्विवाद सत्य है कि आप 100% लक्ष्य चूकेंगे अगर आप कोशिश ही नहीं करेंगे. मोरिस वेस्ट कहते हैं, ''अगर आप तूफानों से डरकर हमेशा दुबके बैठे रहेंगे तो कभी भी धूप का आनन्द नहीं ले पाएंगे.'' हिम्मत किए बिना कोई शिखरों तक नहीं पहुंच सका है. जज्बा रखे बिना कोई भी शिखर तक नहीं पहुंच सका है.

जब भी आप किसी कामयाब आदमी को देखें, मैं गारंटी के साथ कह सकता हूं उस आदमी ने जोखिम उठाए होंगे तथा साहसिक फैसले किए होंगे. लोग क्या कहेंगे यह सोचते रहने से कुछ नहीं हो सकता है. सफलता हमेशा बहादुरों का अनुसरण करती है. डेविड माहोनी की राय है, ''उन सावधान कायरों में शामिल मत होइए जो न हारने के लिए खेलते हैं. जीतने के लिए खेलिए.

मेटास्टेसियो का ख्याल है, ''प्रत्येक महान उपलब्धि के साथ जोखिम के हिस्सेदारी होती है, जो सामना करने से डरता हो उसे कुछ हासिल करने की उम्मीद नहीं करनी चाहिए.'' अगर आपको जीवन भर में कभी कोई असुरक्षा नहीं लगी, निराशा, हताशा या चोट नहीं लगी तो इसका मतलब है आपने कोई जोखिम नहीं लिया.

आपके पास खुद को सुधारने का अवसर है. अगर आप ज़िन्दगी को बेहतर बनाना चाहते हैं तो आपको जोखिम लेने होंगे. अवसर लिए बिना आप विकास की उम्मीद नहीं कर सकते.

खरा सोना #6

''तीन बुनियादों से बेहतर है एक पूरा घर.''
(जेम्स लिटर)

कभी खुद से पूछ कर देखिए, ''ज़िन्दगी तेरा इरादा क्या है?'' काम दूसरों से करवाएं, इसे आसान बनाएं या अनावश्यक कामों को यथा संभव अपनी सूची से निकाल दें. बहरहाल, *कम* काम करके *ज़्यादा* काम करें. जेम्स लिटर ने कहा है, ''तीन बुनियादों से बेहतर है एक पूरा घर.''

आपको अलग – अलग दिशाओं को दौड़ते अनेक लोग मिल जाएंगे. सबको जल्दी है. हर दिशा में दौड़ मची है, सब जाना चाहते हैं, लेकिन सभी कुछ नहीं करने के लिए कहीं नहीं जा रहे हैं.

एलेस वाघ का कहना है, ''यह जानने के लिए लोगों के पास बहुत कम समय है कि किस चीज़ में हमारी रूचि है. क्या हम उन चीज़ों में वक्त बर्बाद करने की हैसियत रखते हैं. जिनमें हमें मामूली दिलचस्पी हो या हमें उसमें सिर्फ इसलिए दिलचस्पी हो, क्योंकि दूसरे लोगों ने हमें बताया हो कि हमें दिलचस्पी होनी चाहिए. बिना ध्यान केन्द्रित किए आप शांति नहीं पा सकते.

आप वो काम कीजिए जिसके लिए आपका दिल गवाही देता हो, जिसे आपका दिल चाहता हो. जिसकी खातिर आप पूरी ज़िन्दगी लगा सकते हों. कार्ल सैंडबर्ग का विचार है, ''ऐसे भी लोग होते हैं जो एक साथ हर कहीं जाना चाहते हैं, मगर वे वहीं भी नहीं जा पाते हैं.''

आप जो चाहते हैं, उसे कैसे पाएंगे? विलियम लॉक इसका उत्तर कुछ इस प्रकार देते हैं, ''मैं आपको बता सकता हूं कि आप जो चाहते हैं उसे कैसे पाएंगे. आपको बस दिल में एक बात रखनी है और उसकी खातिर समर्पित होना है. फिर इधर – उधर कहीं भी ताक – झांक मत कीजिए, मन को भटकने मत दीजिए. क्योंकि पीछे देखना घातक होता है.''

जॉर्ज बनार्ड शा ने लिखा है, ''आदमी को स्वास्थ्य और चलने को रास्ता दे दो, फिर देखो वह कभी यह सोचने के लिए भी नहीं रूकेगा कि वह खुश है या नहीं.'' हम जानते हैं वॉल्ट डिज़्ने एक कामयाब इन्सान था. उसकी सफलता का सूत्र शायद उसकी इस स्वीकारोक्ति में हो;'' मैं अपने मिकी माउस को ऐसे किसी भी औरत से ज़्यादा चाहता हूं, जिससे मैं कभी मिला हूं.'' इसे कहते हैं विषय – केन्द्रित होना!

विक ब्रोडन का कहना है, ''हारने वाले के पास हजारों विकल्प होते हैं. चैम्पियन बस एक ही बोरिंग चीज़ जीत का निशाना साधने में और कौशल प्राप्त करने में लगे रहते हैं.'' जरा गौर कीजिए जॉर्ज रॉबसन ने इंडियानापॉलिस 500 जीतने के बाद क्या कहा था: ''मुझे एक एक ही काम करते रहना था – बाएं मुड़ते रहना.''

अगर आप दो खरगोशों का पीछा करेंगे तो एक भी हाथ नहीं आएगा. मुझे यकीन है कि आपको खुशी तभी हासिल होगी जब आप पूरे दिल से बिना किसी अगर – मगर या पछतावे के एक ही दिशा में बढ़ेंगे. आप जिस समय जो काम कर रहे हैं, बस उसे ही कीजिए. आप जितने दुरूह बनेंगे, उतने ही अप्रभावी बन जाएंगे.

मार्क ट्रवेन ने कहा था, ''अपने सारे अंडों को एक टोकरी में मत रखो'' – मगर यह बात का एक पहलू है. अकलमंद कहते हैं 'अपने पैसे और अपने ध्यान को खनकाते रहो.' बात का दूसरा पहलू यह होगा, ''अपने सारे अंडों को एक ही टोकरी में रखो – और टोकरी पर नज़र रखो.'' बहुत सारे कामों को शीघ्रता से करने का एक ही तरीका यह है कि एक बार में एक ही काम कीजिए. जो एक बार में एक काम करे और उसे उत्कृष्टता से करे, उसी को याद रखा जाता है. उस व्यक्ति की तरह मत बनिए जिसने कहा था, ''मैं विषय केन्द्रित हूं, बस किसी और चीज़ पर.''

खरा सोना # 7

नादान की दोस्ती जी का जंजाल

आप मुझे अपने अच्छे दोस्तों के बारे में बताइए, मैं आपको बताऊंगा कि आप क्या हैं? अगर आप भेड़ियों की संगति करते हैं तो गुर्राना ही सीखेंगे. अगर आपको गरूड़ों का साथ प्रिय है तो आप सीख जाएंगे कि शिखरों तक कैसे पहुंचा जाता है. एक कहावत कहती है, ''आइना आदमी का चेहरा दिखाता है मगर उसकी असली पहचान तो उसके द्वारा चुने गये दोस्तों से होती है.'' जीवन की एक आसान सी सच्चाई यह है कि आप जिनकी संगति में रहते हैं उनके जैसे ही हो जाते हैं – चाहे वे भले हों या बुरे. इस बात पर जरा गौर कीजिए. हमारे तकरीबन समस्त दुखों का आधार गलत लोगों से हमारा संबंध होता है. इसीलिए, ''उस चुम्बक से दूर रहो जो उल्टी दिशा में खींचता है'' (ई. के. पाइपर).

आप किसी व्यक्ति से जितना *कम* जुड़ेंगे, आपकी ज़िन्दगी में उतना *ज़्यादा* सुधार आएगा. जब भी आप दूसरे लोगों के औसतपन को बर्दाशत करते हैं तो आप अपने औसतपन को बढ़ाते हैं. एक बुल्गेरियाई कहावत इस बात की पुष्टि करती है, ''अगर आप दो कदम आगे बढ़ाने के बाद एक कदम पीछे चलते हैं तो इसका मतलब है आपकी ज़िन्दगी में मिले–जुले लोगों का प्रभाव है.'' अगर कोई लफंगा आपके लिए झल्लाहट का पात्र नहीं है तो इसका मतलब यह है कि आप भी कुछ हद तक लफंगे हैं. मैंने पाया है कि सफल लोगों में एक महत्त्वपूर्ण गुण यह होता है कि वे नकारात्मक सोच तथा नकारात्मक काम करने वाले लोगों को बर्दाश्त नहीं कर पाते हैं.

एक सच्चा मित्र वह है जिसे आपकी परवाह है. वह तब भी आपका मित्र ही रहेगा, अगर आप मित्र रखने के काबिल ही न रहें. वह आपको आगे बढ़ता देखना चाहेगा, जबकि दूसरे आपको देखकर आगे बढ़ जाते हों.

अपने साथियों को सावधानी के साथ चुनो. एक पुरानी कहावत कहती है, ''जो कुत्तों के साथ रहता है, उसके शरीर में हमेशा मक्खियां भिनभिनाती हैं,'' थॉमस कार्लाइल का दावा है, ''आप मुझे बताइए आप किसी आदमी की कद्र करते हैं, मैं आपको बताऊंगा कि आप किस तरह के इन्सान हैं. आपके लिए जो पुरूषत्व का आदर्श है, वह मुझे बताता है कि आप किस प्रकार के इन्सान बनेंगे.''

अगर आपसे अपनी सबसे बड़ी सम्पत्तियों, शक्तियों या शानदार उपलब्धियों की सूची बनाने को कहा जाए तो संभवत: धन को काफी नीचे स्थान मिलेगा. जबकि आपके कुछ मित्र आपकी श्रेष्ठतम सम्पत्ति के रूप में स्थान पा सकते हैं. माइक मुॅर्डाक का कहना है, ''कोई न कोई आप पर जरूर गौर कर रहा है, जिसका वरद हस्त आप पर हो सकता है.'' एक सच्चा मित्र आपको उससे कहीं ऊपर आंकता है, आप जो हो सकते हैं.

अच्छे रिश्तों में निवेश कीजिए. सच्चा मित्र बनाने का एक तरीका होना चाहिए. आपके पास पैसा है तो दोस्त बहुतेरे मिल जाएंगे. फ्रैन्सेस्को गुच्चियार्डिनी ने बड़े पते की बात कही है, ''मित्र जैसी सम्पत्ति दूसरी नहीं, इसलिए सही चुनाव करने में गलती मत कीजिए.''

उम्र बढ़ने के साथ आपके संगी – साथी बदलते हैं. आपके कुछ मित्र आपके साथ चलना नहीं चाहेंगे. वे चाहेंगे कि आप भी वहीं ठहर जाएं, जहां वे हैं. ऐसे दोस्त जो आपको सीढ़ियां चढ़ने में मदद नहीं करते, वे चाहते हैं कि आप घुटनों के बल घिसटते रहें. आपके मित्र या तो आपके नज़रिए को लम्बा खींचेंगे या आपके सपने को धुंधला कर छोड़ेंगे. जो आपको आगे बढ़ने नहीं देते हैं, वे आपको पीछे खीचते हैं.

इस बात पर जरा विचार कीजिए: नाकारा लोगों से कभी सलाह – मशविरा मत कीजिए. अपनी समस्याओं के बारे में ऐसे अयोग्य व्यक्ति से कभी चर्चा मत कीजिए जो कोई समाधान न दे सके, क्योंकि जो खुद कभी सफल नहीं होते, वे दूसरों को कामयाब होने के तरीके बताने में सबसे आगे रहते हैं. गलत व्यक्ति से राय लेंगे तो फिर ईश्वर ही आपकी रक्षा करे.

ऐसे व्यक्ति के साथ कदम बढ़ाने की न सोचें, जो खुद गतिहीन हो. कुछ लोगों के साथ आप शाम बिता सकते हैं तो कुछ लोगों के साथ जीवन. जीवन की राह में दिशा पूछते समय सावधानी बरतें. अकलमंद वह व्यक्ति है जो जीवन को सही मित्रता से समृद्ध करता है.

खरा सोना # 8

आप जो हैं, वही होने की हिम्मत दिखाइए

इस बात पर ज़रा विचार कीजिए : क्या आप कुछ ऐसे भ्रमित लोगों को नहीं जानते जो वह होने की कोशिश करते हैं, जो नहीं हैं या ऐसा कुछ करने की कोशिश करते हैं जो कि उन्हें नहीं करना चाहिए? आप अपने में खुद को ढूंढिए. एक पुरानी कहावत कहती है, ''लकड़ी का लट्ठा दस साल पानी में रहे तो भी मगरमच्छ नहीं बन सकता.'' एक विचारक का प्रश्न है ''क्या कोई अफ्रीकी अपनी त्वचा का रंग बदल सकता है या चीता अपनी धारियां मिटा सकता है?'' जूलियस हारे की सलाह है, ''आप जो हैं वही रहें. यह उससे बेहतर बनने की दिशा में पहला कदम है.''

कार्ल रोजर्स की मान्यता है कि जब मैं खुद को अपने उसी रूप में स्वीकार करता हूं तो ही मैं अपने को बदल सकता हूं. फ्रेडरिक क्लॉस्टॉक कहते हैं, ''जिसकी अपनी कोई राय नहीं और जो दूसरों की राय पर निर्भर करता है. वह दूसरों का गुलाम है. ऐसे व्यक्ति के रूप में सपने देखना जो आप होना चाहते हैं, वास्तव में आपमें मौजूद व्यक्ति को नष्ट करना है.'' उस जैसा निराश और असंतुष्ट व्यक्ति दूसरा नहीं हो सकता जो सारी उम्र, जो वह वास्तव में है उससे भिन्न बनने में लगा देता है.

जो व्यक्ति दूसरों के लिए उपयुक्त बनने की खातिर खुद को हमेशा तराशता या कतरता रहता है, वह जल्दी ही अपने को खत्म कर देता है. अगर आपके पास अपनी ज़िन्दगी के लिए कोई योजना नहीं है तो आप जल्द ही किसी और की ज़िन्दगी का हिस्सा बना जाएंगे. आप एक साथ दो चेहरे लगाकर नहीं चल सकते. कभी भी उससे अलग होने की चाहत न करें, जो कि आप हैं. ''आप जो नहीं है उसके लिए प्यार किये जाने की अपेक्षा आप जो हैं उसके लिए नफरत किया जाना बेहतर है'' (आंद्रे गाइड).

''सभी अच्छी चीज़ों में मौलिकता की मिठास होती है'' (जॉन मिल्स). आपके पास सिर्फ एक ही ज़िन्दगी है – खुद आपकी. जो व्यक्ति दूसरे की राह पर चलता है वह कभी भी अपने कदमों की छाप नहीं छोड़ पाता. डोरिस मॉर्टमैन का ख्याल है, ''जब तक आपको अपने अस्तित्व से तसल्ली नहीं होगी आपको कभी पता नहीं चल पाएगा कि आपके पास क्या है.'' हमारी ज़िन्दगी की ज़्यादातर चुनौतियां अपने बारे में न जानने तथा अपने सर्वोत्तम व वास्तविक गुणों को अनदेखा करने से पैदा होती है.

बहुत से लोग अपनी पूरी ज़िन्दगी खुद से बिल्कुल अनजान बन कर जीते हैं. ऐसा अपने साथ हर्गिज़ मत होने दें. लियो बसकाग्लिया सान्त्वना देते हुए कहते हैं, ''इस दुनिया में सबसे आम काम है जो हैं वो होना. और सबसे मुश्किल काम है जो दूसरे लोग चाहते हैं वो होना. दूसरों को आपको उस स्थिति में पहुंचाने का मौका ना दें.'' साहस का विपरीत शब्द भय नहीं है. यह अनुरूपता है. जीवन में सबसे उबाऊ और निराश करने वाली चीज़ है कोई और बनकर जीने की कोशिश करना.

''मेरी मां ने मुझसे कहा था, 'अगर तुम एक सिपाही बनते हो तो तुम जनरल बनोगे, अगर तुम धर्म प्रचारक बनते हो तो अंततः पोप बनोगे.' इसके बदले मैं पेन्टर बना और अन्त में पिकासो कहलाया.'' यह उस महान कलाकार का रहस्योद्घाटन था. नकल करके आज तक कोई महान नहीं बन पाया. किसी की नकल मत करो. अपनी छाप कुछ छोड़ो.

खरा सोना # 9

बदलोगे नहीं तो रह जाओगे वहीं के वहीं

परिवर्तन. यह शब्द आपको डराता है या प्रेरणा देता है? हरबर्ट स्पेन्सर ने कहा है, ''किसी मृत चीज़ की तुलना में जीवित चीज़ में फर्क उनमें किसी भी पल होने वाले परिवर्तनों की ऋंखला है.'' परिवर्तन जीवन का प्रमाण है. परिवर्तन के बिना वृद्धि का होना असंभव है. जो लोग अपना मस्तिष्क, अपने विचार नहीं बदल सकते, वे कुछ भी नहीं बदल सकते हैं. सच्चाई यह है जीवन हमेशा किसी परिवर्तनकारी मोड़ पर होता है.

लोग प्रगति करना चाहते हैं, मगर वे यह भी चाहते हैं कि बिना किसी परिवर्तन प्रगति कर सकें. असंभव! आपको बदलना ही होगा और समझना होगा कि परिवर्तन आपका सबसे बड़ा मित्र है. जो व्यक्ति अपनी राय को कभी बदलता नहीं है, वह कभी भी अपनी गल्तियों को नहीं सुधारता. असलियत यह है कि सफलता की राह हमेशा निर्माणाधीन होती है.

बीते कल में जो सफलता का सूत्र था वह आने वाले कल में अक्सर विफलता की वजह साबित होता है. जो आदमी आज की दुनिया में बीते कल के तौर–तरीके अपनाता है वह शायद आने वाले कल में व्यावहारिकता की जमीन पर पैर नहीं जमा पाएगा. गौर कीजिए, आईबीएम कॉर्पोरेशन के संस्थापक थॉमस वॉटसन कभी ने कहा था, ''विश्व बाजार में केवल 5 कम्प्यूटरों की गुंजाइश है'' अगर श्री वॉटसन परिवर्तन के लिए तैयार नहीं होते तो आज आईबीएम कहां होता?

आप जहां हैं वहीं पर रहते हुए वही नहीं बन सकते जो कि आप बनना चाहते हैं. जॉन पैटरसेन ने बड़े पते की बात कही है, ''केवल मूख और मृत व्यक्ति अपने विचारों को नहीं बदलते हैं. मूर्ख बदलेंगे नहीं, मृत बदल नहीं सकते.'' एक ही प्रकार की सोच आपको वहां तक लायी है, आज आप जहां पर हैं, और संभवत: यह आपको वहां तक नहीं ले जाए, जहां आप जाना चाहते हैं. सांते बोव इस सच्चाई को इस प्रकार प्रकट करते हैं, ''ऐसे भी लोग होते हैं जो किसी समय कहीं रूककर चारों तरफ देखते हैं और ऐसे भी होते हैं जो उम्र भर के लिए वहीं रूक जाते हैं.''

परिवर्तन से घबराइए मत: यह प्रगति का अपरिवर्तनीय नियम है. ऐसे व्यक्ति मत बनिए, जिसका मस्तिष्क हमेशा नये विचारों के लिए खुला रहता है, मगर विचार हमेशा वहीं पुराने वाले रहते हैं. अपनी गल्तियों और दोषों की वकालत करके आप सिर्फ यही साबित करते हैं कि आपका उनको त्यागने का कोई इरादा नहीं है. ''ऐसे भी लोग होते हैं जो न खुद एक जगह जमे रहते हैं बल्कि हर दूसरी चीज़ को भी वहीं थामे रखने की कोशिश करते हैं... ऐसे लोगों की स्थिति हास्यास्पद रूप से शोचनीय है'' (ऑडेल शैपर्ड).

मिग्नॉन मैक्लॉग्निन के अनुसार, ''परिवर्तन से घबराने वाला व्यक्ति अक्सर असंतुष्ट किस्म का व्यक्ति होता है.'' जब परम्पराओं और बंधी बंधायी लीकों को तोड़ा जाता है तो नये अवसर सामने आते हैं. दुनिया की सारी तरक्कियां उन लोगों की बदौलत हुई है जो संतुष्ट नहीं थे. वे परिवर्तन से डरे नहीं थे. परिवर्तन आपका शत्रु नहीं – आपका मित्र है.

खरा सोना # 10

क्या आपमें है वो शान, बचपन में आप जिसके थे कद्रदान?

दोहरी ज़िन्दगी जीना आपको दुगुनी रफ्तार से कहीं नहीं पहुंचाएगा. ''विचारों से उद्देश्य की प्राप्ति होती है; उद्देश्य कर्म की राह दिखाते हैं; कर्म से आदतें बनती हैं: आदतों से चरित्र का निर्माण होता है; और चरित्र से तय होता है हमारा भाग्य.'' ये बात कही हैं द्रायन एडवर्ड्स ने. एक कहावत हमें सिखाती है, ''ख्याति का मूल्य बड़ी दौलत से भी ज़्यादा होता है.'' चरित्र ऐसी चीज़ होती है जो कि या तो आपके पास है या आपको बनानी होगी. अपने लिए इसे बनाने के बजाए अपने में इसे बनाने की कोशिश कीजिए.

चरित्र हमारी समस्त उल्लेखनीय सफलताओं की असली बुनियाद होती है. आप अपने से एक अच्छा सवाल पूछ सकते हैं, ''अगर हर कोई मेरी ही तरह होता तो यह दुनिया कैसी होती?'' आप बस एक खुली किताब की तरह हैं जो दुनिया को इसके लेखक के बारे में जानकारी दे रहे हैं. जॉन मोर्ली ने बड़ी सटीक टिप्पणी की है, ''कोई भी आदमी अपने चरित्र की सीमाओं से अधिक ऊंचाई पर नहीं चढ़ सकता है.

सही काम करने में कभी भी शार्मिन्दगी महसूस न करें. मार्कस ऑर्लियास की राय है, ''ऐसी किसी चीज़ को फायदे का सौदा मत समझें जो आपके आत्मसम्मान या वचन की कीमत को समाप्त कर दें.'' डब्ल्यू. जे. डासन चेतावनी देते हैं, ''जरूरी नहीं कि तुम बुराई को ही चुनो; अगर तुम अच्छाई को चुनने में भी असफल रहते हो, तो भी बुराई तुम्हें अपनी ओर खींच ही लेगी.'' *विशुद्ध: बुराई* जैसी कोई चीज़ नहीं होती. फिलिप ब्रुक्स ने कहा है, ''जो मनुष्य सही ज़िन्दगी जीता है और जिसमें सच्चाई है उसकी खामोशी में दूसरों के शब्दों से ज़्यादा ताकत है.

प्रतिकूल परिस्थितियों में भी क्या आपका चरित्र आपकी ख्याति के अनुसार अपनी पहचान कायम रखता है? प्सालम्स की इच्छा पर जरा गौर फरमाइए, ''हे भगवान मुझे एक निर्मल हृदय दो और हसे सही भावनाओं से भर दो.'' अपने चरित्र को बदलने

के लिए आपको अपने हृदय पर काबू पाना होगा. अगर आपकी नैतिक बाध्यताओं पर आपका नियंत्रण न रहे तो अपके चरित्र का दिवालिया होना तय है.

हेनरी वार्ड बेचर की मान्यता है, '' कोई भी आदमी अपने जमा खाते पर नज़र डालकर यह नहीं कह सकता कि वह अमीर है या गरीब. आदमी का दिल उसे अमीर बनाता है. व्यक्ति में जो है वह उसे अमीर बनाता है, न कि वह जो उसके पास है.

वूडड्रॉ विल्सन का कहना है, ''अगर आप सोचते हैं कि आपको लोगों के लिए क्या करना चाहिए, तो आपका चरित्र खुद इस बात का ख्याल रखने वाला है.'' चरित्र की उत्कृष्टता का प्रमाण तब मिलता है जब हम कुछ करें और सारा संसार मुग्ध होकर उसे देखता रहे.

एक विशाल बरगद की तरह विस्तार पाइए, कुकुरमुत्तों की तरह नहीं. चरित्र छोटा होगा तो आप ऊंचाई कैसे नाप पाएंगे. दुनिया का बेहतरीन ज्ञान इस यातायात के नियम में समाया है – *सीधे चलो.*

खरा सोना # 11

आलोचक दूसरों पर कीचड़ उछालते हैं, मगर अपने पैर तले की जमीन खोदते हैं.

आलोचक या निंदकों के लिए पहला और सबसे महत्त्वपूर्ण सिद्धांत यह है: उनको *मौका मत दीजिए कि वे आपको डरा सकें.* आपकी इजाजत के बिना आपको कोई मामूली होने का अहसास नहीं दिला सकता है. चार्ल्स डॉज्सन का कहना है, ''अगर आप अपनी ज़िन्दगी में किए जाने वाले कामों को सीमित कर देते हैं तो शायद कोई आपमें गल्तियों नहीं ढूंढ पाएगा, लेकिन आप बहुत ज़्यादा नहीं कर पाएंगे.'' विवाद या आलोचना के बिना कोई महत्त्वपूर्ण काम नहीं हुआ है.

जब आप दूसरे लोगों के शब्दों को आपको रोकने का मौका देते हैं तो वे ऐसा अवश्य करेंगे. जीवन में सफल होने के लिए आपको दूसरे के द्वारा टांग – खिंचाई को बेअसर करना आना चाहिए. दूसरे आपके बारे में क्या कहते हैं यह सोच – सोच कर दुबले मत होइए. एक पुरानी कहावत पर भरोसा कीजिए, ''आदमी का डर एक खतरनाक फंदा है, मगर ईश्वर पर आस्था का अर्थ सुरक्षा है.'' आपके बारे में दूसरे लोग क्या कहते हैं, अगर इस पर आपको ज़्यादा भरोसा है तो आपको अपनी राय से ज़्यादा दूसरों की राय पर भरोसा होगा. अपनी ज़िन्दगी को दूसरों की राय और धारणाओं का गुलाम मत बनाइए.

क्रिस्टोफर मोर्ले का कहना है, ''सच तो यह है कि आलोचक रेल – सड़क क्रॉसिंग से गुजरती रेल की कान फाड़ती व्यर्थ आवाज की तरह होते हैं.'' बहुत से महान विचार इसलिए नष्ट हो गये क्योंकि उन्हें धारण करने वाले, आलोचना को झेल नहीं पाए तथा उन्होंने उन्हें त्याग दिया. यह बात समझ लीजिए: आलोचक बस एक ऐसा आदमी होता है जो सर्च वारण्ट के बिना दूसरों में दोष तलाशता है. दूसरों में दोष ढूंढना सबसे आसान कामों में से एक है. ''सबसे नाकारा लोग वो हैं जो दूसरों में मीन – मेख निकालते हैं. उन्हें अपनी कोई परवाह नहीं, अपना स्वाभिमान उठाने की कोई आशा नहीं, मगर दूसरों को नीचा करके वे खुद को उठाना चाहते हैं'' (विलियम हैज़लिट). आलोचक केवल सबसे बुरे की उम्मीद ही नहीं करते, बल्कि बुरे से बुरा कर भी दिखाते हैं.

जब आप अपनी ज़िन्दगी में कोई दाग लगाते हैं, फिर हमेशा मिटाने वाला रबर (इरेज़र) ढूंढते हैं. डेनिस वोले सावधान करते हैं, ''दुनिया आपको हमेशा सिर – माथे पर इसलिए उठाए नहीं रखेगी, क्योंकि आप अच्छे आदमी हैं. यह बात कुछ ऐसी है कि बैल आपको इसलिए सींग नहीं मारेगा क्योंकि आप शाकाहारी हैं.'' मैं फ्रेड एलेन की इस बात से पूरी तरह सहमत हूं, ''अगर आलोचक के पास आपको नुकसान पहुंचाने की ताकत होती तो सारी अच्छाई गायब हो चुकी होती. महान लोग विचारों पर चर्चा करते हैं, अच्छे लोग घटनाओं पर चर्चा करते हैं, छोटे लोग ही व्यक्तियों पर चर्चा करते हैं.

सफलता की राह पर शीघ्रता की कोई पगडंडी नहीं होती अगर लगातार किसी के पीछे दौड़ते हुए आगे नहीं बढ़ सकते. मैं टिलोट्सन की बात का कायल हूं, ''दूसरे व्यक्ति की छवि को धूमिल करने से बेहतर कोई तरीका हो ही नहीं सकता अपने खुद के मूल्य को संदेहास्पद बनाने का ?'' हेनरी फोर्ड ने बड़ी सटीक टिप्पणी की है, ''मनुष्य और ऑटोमोबाइल काफी हद तक एक जैसे होते हैं. कुछ चढ़ाई में अपनी कार्यक्षमता दर्शाते हैं. जबकि कुछ केवल ढलान पर सरसराती गति से आगे बढ़ते हैं.

याद रखिए, अगर आप आलोचना से डरेंगे तो कुछ न करते हुए मरेंगे. अगर आप दुनिया में अपने लिए कोई जगह बनाना चाहते हैं तो चेहरे पर कुछ छालों, तपिश और रेत – धूल की उम्मीद रखिए. अगर आपको यकीन हो कि आप जो कर रहें हैं वह सही है तो आलोचना को शाबाशी समझिए.

खरा सोना # 12

हवाई किले से नीचे उतरो, जमीन पर कदम रखो

इरादों से तकदीर न तो बनती है और न ही बदलती है... उसके लिए **काम** करना पड़ता है. सफलता का कोई भी मंत्र कारगर नहीं होगा, अगर आप काम नहीं करेंगे. आप काम करने के लिए ही इस धरती पर आए हैं. सफलता सिर्फ अच्छे विचारों को चुनकर उन्हें काम पर लगाती है. *मुक्त उद्यमशीलता* का अर्थ क्या है ? इसका अर्थ है आज ज़्यादा *मुक्त* हैं और ज़्यादा *उद्यमी* हैं. हमें बस *मुक्त* पर जोर थोड़ा कम और *उद्यमशीलता* पर थोड़ा ज़्यादा जोर देना है.

शेक्सपियर के शब्दों पर गौर फरमाएं, ''कुछ नहीं से कुछ नहीं हासिल होगा.'' कोई भी विश्वास या धारणा मूल्यहीन है जब तक कि उसे कार्यरूप में परिणत नहीं किया जाता. आस्था की पुस्तक 'बाइबिल' में कर्म शब्द पर 500 से अधिक बार चर्चा की गई है. आपकी समस्याओं का अक्सर आसान सा हल होता है, *''चलो, काम पर लग जाएं.''*

''कड़ी मेहनत किए बिना फल के लिए उतावला होना बिना बुआई किए फसल पाने की चाह करना जैसा है'' (डेविड ब्ली). आपकी मान्यताएं, विश्वासों का तब तक कोई ख़ास फायदा नहीं है जब तक कि आप अपने सपने से जागकर काम शुरू नहीं कर देते हैं. आप केवल सपने देखते रहें कि आप क्या बन सकते हैं तो कुछ भी नहीं हासिल होगा. आलसी व्यक्ति को कामयाबी तभी मिलती है जब वह कुछ नहीं करने की कोशिश करता है. एक पुरानी कहावत में बड़ी ऊंची बात कही गयी है, ''आलस इतने धीरे–धीरे चलता है, कि गरीबी जल्द ही उसे पछाड़ देती है.''

अगर आप आलसी हों तो आपको दुगुना काम करना चाहिए. यह हमेशा उस व्यक्ति के लिए आजमाइश का वक्त होता है जो हमेशा कुछ नहीं पाने के लिए कुछ करता रहता है. कभी आपने सोचा है, कुदरत ने हमें सेब का रस नहीं दिया, बल्कि सेब दिया है. कुछ लोग कहते हैं कुछ असंभव *नहीं* है, फिर भी बहुतेरे लोग ऐसे हैं जो रोजाना कुछ भी *नहीं* करते हैं.

एक तरफ जहां कुछ लोग कुछ काम करते हैं, वहीं दूसरी तरफ कुछ लोग बैठकर सिर्फ इस बात का ज्ञान बांटते रहते हैं कि काम कैसे करना चाहिए. यह दुनिया दो हिस्सों में बंटी हुई है – काम करने वाले लोगों और काम करने के बारे में बातचीत करनेवाले लोगों में.

मॉलियर का ख्याल है, ''वादे करने में सभी आदमी एक जैसे होते हैं. बस काम ही उनमें फर्क पैदा करता है. इच्छा मात्र ने किसी आदमी को कभी अमीर या गरीब नहीं बनाया है. राबर्ट हाफ एक रहस्य से परदा उठाते हुए कहते हैं, ''आलसीपन वह गुप्त तत्व है जो असफलता को जन्म देता है, मगर इसे उससे छिपाकर रखा जाता है जो असफल होता है.''

खुद को बताइए: ''प्रेरणाएं सगाई की स्थिति में लंबे समय तक नहीं रह सकती; वे तुरन्त कर्म के साथ विवाह की मांग करती हैं'' (ब्रेंडन फ्रांसिस). अगर सच कहें तो हमारी तमाम परेशानियों की वजह यह न जानना है कि हमें कब काम करना चाहिए, कब बोलना चाहिए और कब सुनना चाहिए.

दुनिया में एक आदमी ऐसा है जिसे आप कभी मनचाहा काम करने से नहीं रोक सकते.

जब मर्जी होती है वह होता है भीड़भरी शहरी सड़कों पर, या फिर खेतों में, किसानों के संग हाथ बटाते हुए.

उसका स्वागत करते हैं बियाबान रेगिस्तान और मीलों तक फैले वन:

वह जहां जाता है स्वागत पाता है – वह है कर्मवीर इन्सान.

(वाल्ट विट्मैन)

खरा सोना # 13

कहीं मिले कोई बहाना, तो उसे न उठाना

जब बात बहाने बनाने की आए, तो यह दुनिया महान आविष्कारकों से भरी है. अपनी आधी ज़िन्दगी यह बताने में मत गुजारिए कि आप क्या करने वाले हैं और आधी ज़िन्दगी यह सफाई देने में कि आप क्यों वह नहीं कर सके. एक कैफियत इस बात का सबूत बन जाती है कि आपने वो किया जो वास्तव में आपने नहीं किया, जबकि दूसरी स्थिति में लोग सोचते हैं कि आपने वह नहीं किया, जो कि आपने वास्तव में किया है.

गल्तियों में हमारी मदद करने की छिपी शक्ति होती है, मगर वे हमारी मदद करने के अपने मकसद में तब असफल हो जाती हैं जब हम दूसरों पर आरोप लगाते हैं. जब आप बहाने बनाने लगते हैं तो बदलने तथा सुधरने की अपनी शक्ति को गंवा देते हैं. इसलिए ''अगर आप किसी की तारीफ करते हैं तो कोई बात नहीं, मगर किसी पर आरोप लगाते समय सावधान रहें'' (एडमण्ड गॉस). आप कई बार गिर सकते हैं, मगर तब तक आपकी हार नहीं हुई है, जब तक आपने यह नहीं कहा है कि किसी ने आपको धक्का दिया है.

नाकामयाब लोग बहाने बनाने में उस्ताद होते हैं. अगर आप कमजोर हैं तो आपको अनगिनत बहाने मिल जाएंगे. दुनिया में सभी बेबुनियाद बहानों को पकड़ने के लिए आवश्यक साधन नहीं है. हम जो काम नहीं करना चाहते हैं. उनके लिए हमारे पास बहाने बड़ी आसानी से मौजूद रहते हैं.

इसलिए, रास्ता ढूंढिए, बहाना नहीं. बहानों से भरे होने के लिए कोई बहाना नहीं चलता. जब आप कोई गलती करते हैं और फिर उसके लिए बहाना बनाते हैं तो आप दो गल्तियां करते हैं. इस सच्चाई को स्वीकार करें: ''लोमड़ी फंदे को कोसती है, खुद को नहीं'' (ब्लैक). आप उस लोमड़ी जैसा व्यवहार मत कीजिए!

न तो शिकायत कीजिए और न ही कैफियत दीजिए. ''गल्तियां मान लेने से नज़रिया साफ होता है और यह आपको पहले से ज़्यादा बुद्धिमान बनाता है'' (आर्थर गुइटरमैन). गलत काम करके, फिर गलती के लिए बहाने बनाने की तुलना में सही काम करना हमेशा आसान होता है. बहाने बनाने में आप अपना समय गंवाते हैं तथा प्रतिभा को नष्ट करते हैं.

बहानेबाजी की बुनियाद से बना घर ताश–महल होता है. गलत कैफियत देना तो झूठ बोलने से भी बुरा है, क्योंकि गलत कैफियत खुद एक झूठ है जो दूसरे झूठ को भी जन्म देती है. कहा गया है बहानेबाजी वास्तव में झूठ की पतली चमड़ी होती है झूठ के नंगे चेहरे को ढक कर रखती है.

जिन्हें बहाने बनाने की आदत होती है वे लोग ही दुनिया की तमाम विफलताओं, नाकामयाबियों को जन्म देते हैं. अगर आप अच्छी बहानेबाजी कर लेते हैं तो संभवत: दुनिया का कोई भी काम अच्छे तरीके से नहीं कर पाएंगे. एक कहावत कहती है ''काम से फायदा मिलता है, बातों से गरीबी.'' बहाने मत बनाइए, प्रगति कीजिए.

नाकामयाबी के अनेक कारण हो सकते हैं, मगर बहाने बनाने का एक भी कारण नहीं हो सकता. कैफियत देने की चुनौती मत दीजिए. आपके पास एक विकल्प होता है: बाधा को कैफियत समझें या अवसर. कैफियत देने से आपके जीवन के मकसद को कोई समर्थन नहीं मिलेगा.

जो व्यक्ति जीवन में कुछ करना चाहता है उसे रास्ता मिलता है और दूसरों को बहाना. सफलता मिलना बस किस्मत की बात होती है; विफलता से पूछकर देखिए. बस, कैफियत देने के चक्कर में मत पड़िए.

खरा सोना # 14

हम पर्वत को नहीं जीतते, खुद को जीतते हैं

अगर आप यह जानना चाहते हैं कि आपकी ज़्यादातर परेशानियों के लिए कौन जिम्मेदार है तो आईने पर देखिए. अगर आप अपनी तमाम समस्याओं के लिए जिम्मेदार व्यक्ति की पीठ पर कसकर लात जमाना चाहेंगे तो फिर तीन हफ्तों तक बैठने के काबिल नहीं रहेंगे. इसलिए बेहतर होगा हम अपनी मनमानियों से बचें.

लुईस XIV की टिप्पणी है, ''जो आदमी खुद को जीत सकता है, वह जितना करे कम है.'' ''ज़िन्दगी में हमारा काम दूसरों से आगे निकलना नहीं, बल्कि खुद से आगे निकलना है – अपने ही रिकॉर्ड को तोड़ना है, कल को आज पीछे छोड़ना है, पहले से अधिक शक्ति के साथ अपना काम करना है'' (स्टिवॉर्ट जॉन्सन).

राल्फ वाल्डो एमरसन ने कहा है, ''मनुष्य के लिए खुद के अलावा दूसरों से छला जाना असंभव है.'' ''हमारे सबसे अच्छे मित्र और सबसे बुरे दुश्मन वो विचार होते हैं जो हम अपने बारे में रखते हैं'' (डॉ. फ्रैंक क्रेन). एक कहावत के अनुसार, ''आदमी जो सोचता है, वह वैसा ही होता है और आदमी जो चुनता है, वह वैसा ही होता है.'' नॉर्मन पिपले सावधान करते हुए कहते हैं, ''अपनी कल्पनाओं में रूकावटें मत खड़ी कीजिए.''

आप जहां है केवल वहीं तक देखना बंद कीजिए तथा आप जो बन सकते हैं वहां तक देखना शुरू कीजिए. सावधान रहें कि आपका मन कहां विचरण करता है; आपके शब्द और क्रियाएं इसका अनुसरण करती हैं. शब्द और क्रियाएं बहुत ही शीघ्रता के साथ इसका अनुसरण शुरू करती हैं.

आपको तब तक कोई हरा नहीं सकता, जब तक कि आप खुद से परास्त नहीं हो जाते. अपनी छवि हमारे व्यक्तिगत विकास की हदें और सीमाएं निर्धारित करती हैं. चार्ल्स कोल्टन का कहना है, ''हम निश्चित रूप से हारते हैं, जब हम खुद से लड़ते

हैं; यह एक गृह युद्ध है.'' अगर आपको अपने प्रति कोई संदेह है तो अलेक्जैण्डर ड्यूमा की बात पर गौर कीजिए,'' जो आदमी खुद अपने आप पर संदेह करता है वह शत्रु सेना में अपना नाम लिखाता है और अपने विरूद्ध आक्रमण को हवा देता है.'' टिम रोडमण्ड की राय है, ''अपनी ज़िन्दगी और ध्येय के साथ छलावा मत कीजिए.''

आप अपने साथ वह दुनिया लेकर चलते हैं जिसमें आपको जीना चाहिए. इस बात को अच्छी तरह समझ लीजिए: जब आपके पास कोई महान सपना होता है तो आपका मस्तिष्क आपका सबसे बड़ा शत्रु होता है. क्या आपको ज़िन्दगी में बड़ी–बड़ी बाधाओं से टकराना पड़ रहा है? जेम्स एलन कहते हैं, ''अपनी बाधकताएं आपको खुद झेलनी है. आपको ही अपनी जगह चुननी है.'' याद रखिए जब ठंडे पड़े पांव, गर्म खोपड़ी या जिद्दी रवैय्ये का सामना करना पड़े तो आप खुद ही अपने डॉक्टर हैं.

''आपका भविष्य कई चीज़ों पर निर्भर करता है, मगर खासतौर से आप पर'' (फ्रैंक टायगर). अगर कोई भी आप पर यकीन नहीं करता है तो भी आप कामयाब हो सकते हैं मगर यदि आप खुद पर भरोसा नहीं करते हैं आप कभी कामयाब नहीं हो सकते. जिग जिगलर कहते हैं, ''आपके मस्तिष्क में अपनी जो तस्वीर है, उसे पाने के लिए आपका मस्तिष्क काम करेगा. जब आप अपने मस्तिष्क की तस्वीरों को बदलते हैं, आपकी कार्यकुशलता अपने आप बदल जाती है.'' जो भी आप सतत रूप से ''मैं हूं'' शब्द से जोड़ते हैं, आप वही बन जाते हैं.

खरा सोना # 15

ईर्ष्या दूसरों पर वार करती है अपना संहार करती है

ईर्ष्या एक ऐसी चीज़ है जिसका कोई फायदा नहीं मिलता. यह आज तक फलदायी साबित नहीं हुई है. अगर आप दूसरों के पास जो कुछ है, वहीं चीज़ें पाना चाहते हैं, तो आप असंतुष्ट रहेंगे. इसके बदले में, जो आपके पास है उसके लिए कृतज्ञता दिखाइए और खुशियां खोजने की कोशिश कीजिए.

''जो उसके पास है वह मेरे पास क्यों नहीं?'' यह ख्याल तमाम परेशानियों को आमंत्रित करता है. ऐसी दौड़ का कोई अंत नहीं है. वॉशिंगटन ऑलस्टोन का विचार है, ''बुद्धिमान व्यक्ति के मस्तिष्क में सिर्फ खुद से प्रतिस्पर्धा होती है.'' आप जिन तक पहुंचना चाहते हैं, उस हेतु कोशिश करने में आप उनसे ज़्यादा कुछ हासिल नहीं कर रहे हैं.

अगर ईर्ष्या को एक बीमारी माना जाए तो हम सभी बीमार हैं. फ्रांसेस बेकॉन का कहना है, ''ईर्ष्या कभी छुट्टी नहीं लेती. इसके पास कभी भी फुरसत नहीं है.'' ईर्ष्या जो हमें दूसरों से तुलना करने को उकसाती है, वास्तव में एक मूर्खता है और बिल्कुल अनुपयोगी चीज़ है.

हमारी व्यक्तिगत दशा से जो चीज़ हमें नाखुश करती है वह है यह भ्रम कि दूसरे लोग हमसे कहीं ज़्यादा खुश हैं. अगर आप यह सोचते हैं कि दूसरे लोग आपसे ज़्यादा खुश हैं तो आप खुद को कभी प्रसन्न नहीं रख पाएंगे. जरा सोचिए: क्या आप *सचमुच* जानते हैं कि वे कितने खुश हैं? थॉमस फुलर ने कहा है, ''वास्तविकता को समझने के बजाय, सिर्फ तुलना करके आदमी खुश या दुखी हो जाता है.''

हेलेन केलर का कहना है, ''हमारे पास बहुत कुछ जो है उसकी तुलना हमसे ज़्यादा खुशकिस्मत लोगों के साथ करने के बदले हमें उसकी तुलना हमारे अनगिनत साथियों के पास, जो है उससे करनी चाहिए. तभी हम जान सकते हैं कि हम कितने खुशकिस्मत हैं.'' यह ''धन्यवाद'' कहने का समय है ''मेरे साथ क्यों?'' का नहीं.

रिचर्ड एवन्स का कहना है, ''जो चीज़ें हमारे पास नहीं हो सकती या कभी नहीं होगी, उनको हमारी उन चीज़ों की खुशियों को खत्म मत करने दीजिए जो हमारे पास है तथा हो सकती है.'' एक कहावत कहती है, ''राहतभरा रवैय्या आदमी की उम्र को बढ़ाता है; जलन इसे जला डालती है.''

ईर्ष्या से वह कीचड़ उत्पन्न होता है जो कि असफलता द्वारा सफलता पर फेंका जाता है. बहुत से रास्ते आपको नाकामयाब ज़िन्दगी की ओर ले जाते हैं, ईर्ष्या उनमें से सबसे छोटा और सबसे जल्दी पहुंचाने वाला रास्ता है.

खरा सोना # 16

लोगों का काम है कहना

कुछ वर्ष पहले मेरी मुलाकात एक पुराने मित्र से हुई. हम काफी अरसे के बाद मिले थे. उसने मुझ पर एक सरसरी नज़र डाली और कहा, ''जॉन, तुम्हारे साथ तो ज़िन्दगी में अच्छा ही अच्छा हो रहा है, तुम तरक्की पर तरक्की किए जा रहे हो, लेकिन जब मैं अपनी तरफ देखता हूं तो कमियां ही कमियां नज़र आती है. मुझे खुद पर से भरोसा उठने लगता है, जब मैं तुम्हारी तरफ देखता हूं. क्योंकि मुझे तुम्हारी जैसी कामयाबी नहीं मिली है.''

मैंने उसकी तरफ रूख करके जवाब दिया, ''दोस्त, अगर सच यह है कि मेरी तरफ देखने पर तुम निराशा महसूस करते हो, वो भी इसलिए क्योंकि मैं कामयाब हूं तो यह भी सच होगा कि तुम तब बेहतर महसूस करते अगर मैं एक बुरी तरह नाकामयाब आदमी होता.''

उसने सकपका कर मेरी तरफ देखा और कहा, ''नहीं, नहीं जॉन मेरे कहने का मतलब ये नहीं था.''

मैंने जवाब दिया, ''अगर इस स्थिति के लिए तुम्हारी बात सही है तो दूसरी स्थिति के लिए भी होगी. बहरहाल, इससे यही पता लगता है कि तुम्हारे सोचने का तरीका कितना गलत है. मेरी ज़िन्दगी में जो हो रहा है उससे तुम्हारी ज़िन्दगी का कोई लेना-देना नहीं होना चाहिए.''

आप देखेंगे कि सफल आदमी इस बात पर कतई गौर नहीं करते हैं कि दूसरे लोगों की ज़िन्दगी में क्या हो रहा है. मेरा ख्याल है ईश्वर भी उन लोगों के बारे में नहीं सोचता है जो हमेशा दूसरों की ज़िन्दगी में ताका झांकी करते रहते हैं. दरअसल दूसरों के साथ अपनी तुलना करना व्यर्थ में वक्त बरबाद करना है. यह सोच आपकी प्रगति में बाधा पैदा करती है तथा आपके अगले कदमों पर रोक लगाती है.

अपनी सफलता को कभी भी इस बात में मत मापिए कि दूसरों ने क्या किया है या नहीं किया है. तुलना कभी भी उचित नहीं कही जा सकती. आपके पास या तो अपनी आवाज होती है या प्रतिध्वनि. मैं पैट रिले की इस बात से सहमत हूं, ''दूसरों

को यह बताने का मौका मत दीजिए कि आपको क्या चाहिए.'' ''किसी और की सफलता की परिभाषा को अपनी परिभाषा मत मानिए'' (जैक्लिन ब्रिस्किन).

कोई व्यक्ति किसी दूसरे की आस्था, विश्वास या अनुभव पर अपने भाग्य का निर्माण नहीं कर सकता. आपको खुद ही अपना कद हासिल करना होगा, भले ही आपके पिता कितने ही ऊंचे व्यक्ति हों.

दूसरों की खामियां गिनाने से आपकी कमियां कम नहीं हो जाएगी. बहुत से लोग इस गलत धारणा के साथ जीते हैं कि दूसरों को छोटा साबित करके वे महान बन सकते हैं. अपनी रोशनी को फैलाने के लिए दूसरों की बत्ती बुझाने की जरूरत नहीं है.

अगर आपका ख्याल है कि आप किसी औसत व्यक्ति से बेहतर काम कर रहे हैं तो आप भी एक औसत व्यक्ति हैं. आखिर आप किसी औसत व्यक्ति से अपनी तुलना करना क्यों चाहते हैं ? बहुत से लोग सिर्फ अपनी ज़िन्दगी के अलावा दूसरों की ज़िन्दगी को जीने का तरीका जानना चाहते हैं. हमें अपनी तुलना दूसरों के साथ करना बंद करने की जरूरत है.

खरा सोना # 17

बेहतर है तो बेहतर है

सही काम करने के लिए हर समय सही समय है. ''हमेशा उत्कृष्टता से उत्प्रेरित रहें ताकि हर दिन, हर माह, हर वर्ष और निश्चय ही जीवन के अंत में भी हम खुद से एक महत्त्वपूर्ण प्रश्न पूछ सकें: क्या हमने खुद से पर्याप्त अपेक्षाएं की है, और क्या हमारे उदाहरण ने हमारे आसपास मौजूद लोगों को अपनी भरसक मेहनत, कोशिशें करने तथा पूरी क्षमता प्रदर्शित करने को प्रेरित किया है?'' (रिचर्ड हसमैन).

इस दुनिया को बुरे लोगों ने जितनी हानि पहुंचायी है उससे ज्यादा हानि कमजोर लोगों ने पहुंचायी है. अच्छे लोगों की कमजोरियों ने बुरे लोगों की ताकत से कहीं ज़्यादा समस्याओं को जन्म दिया है.

किसी व्यक्ति की सही माप उसके आदर्शों की ऊंचाई, उसकी संवेदना की चौड़ाई, उसकी धारणाओं की गहराई और उसके धैर्य की लंबाई होती है. सूक्तियों की पुस्तक में लिखा है: जो व्यक्ति सही काम करना जानता है, मगर करता नहीं है, वह पाप करता है.

''किसी आदमी के सामने, किसी पल जितने रास्ते खुले हों, उनमें से अपने लिए उपयुक्त रास्ते को खोजना और उस पर चलना ही सबसे बुद्धिमानी का काम है.'' (थॉमस कार्लाइल). सही विचारों का वाहन आपको जीवन में सही गन्तव्य तक पहुंचाएगा. एडी रिकेनबेकर हमें प्रोत्साहित करते हुए कहते हैं, ''विश्वास और आस्था के साथ सकारात्मक तरीके से और पूरे अधिकार के साथ सोचो, तब आपकी ज़िन्दगी अधिक सुरक्षित, अधिक सक्रिय और उपलब्धि व अनुभव से अधिक समृद्ध होगी.''

अगर आप महानता प्राप्त करना चाहते हैं तो महानता की बात भूल जाइए और पूरी ईमानदारी के साथ सही – आचरण कीजिए. फिर आप दोनों को प्राप्त कर सकते हैं. कोच जॉन वुडन का कहना है, ''सफलता दरअसल मन की शांति है, जो कि यह जानने में मिलती है कि आपने अपनी पूरी सामर्थ्य से अपनी कोशिश की.'' हेरॉल्ड टेलर के अनुसार, ''सच्ची सफलता हासिल करने की जड़ें सर्वोत्तम कर दिखाने की इच्छा में मौजूद होती हैं.'' अपने जीवन के गुणवत्ता स्तर को उठाइए. आपने अपने

लिए जो भी पर्याप्त समझा है उसमें 10% और जोड़ दीजिए. जो सही है उसे अपनाइए, उस पर कायम रखिए. तब अगर आप ''हारते'' भी हैं तो भी जीतते हैं.

अपने को पूरी तरह से न पहचान पाना आपकी ज़िन्दगी की सबसे बड़ी गलती हो सकती है. जॉर्ज बर्नार्ड शा का कहना है, ''अपने को साफ – स्वच्छ और उज्ज्वल बनाइए; आप खुद वो झरोखा हैं जिससे आप दुनिया को देख सकते हैं.'' राल्फ शॉकमैन की सलाह मानिए: बुलन्दी तक पहुंचने के लिए जी जान से कोशिश कीजिए – और अभी कीजिए.

खरा सोना # 18

गल्तियों से सबक सीखिए और फिर उन्हें दोहराइए मत

पॉल गैल्विन तैंतीस साल की उम्र में दो बार बिज़नेस में नाकामयाब हो चुके थे. उन्होंने अपनी ही स्टोरेज बैटरी बिज़नेस की नीलामी में हिस्सा लिया. और 750 डॉलर की शेष पूंजी से इसके बैटरी एलिमिनेटर हिस्से को खरीद लिया. और यही हिस्सा मोटोरोला के नाम से जाना गया. सन 1960 के दशक में अपने रिटायरमेंट के समय उनके उद्‌गार थे, ''गल्तियों से मत घबराइए. आप गल्तियों का सामना करेंगे तो उन्हें पहचान सकेंगे.'' जॉर्ज बर्नार्ड शा फरमाते हैं, ''गल्तियां करते हुए गुजारी गई ज़िन्दगी कुछ न करते हुए गुजारी गई ज़िन्दगी की तुलना में बेहतर है.'' बिल्कुल मनचाही ज़िन्दगी पाने की तमन्ना करना लगातार निराशा और हताशा को निमंत्रण देना है.

डेविड मैकनली सहमति के सुर में कहते हैं, ''उस ज़िन्दगी जिसमें न कोई जोखिम हो, ना रोमांच, से कहीं बेहतर है गल्तियों से भरी सनसनीखेज ज़िन्दगी.'' चैम्पियन और औसत आदमी के बीच क्या फर्क होता है? टॉम हॉब्किन्स का कहना है, ''चैम्पियन और औसत व्यक्ति के बीच सबसे बड़ा फर्क होता है अस्वीकृतियों तथा असफलताओं का मुकाबला कर पाना.'' एसआई हायकावा की सलाह पर गौर कीजिए: ज़रा उस फर्क को समझने की कोशिश कीजिए जब कोई आदमी खुद से यह कहता है: 'मैं तीन बार असफल हुआ.' और 'मैं एक असफल व्यक्ति हूं.' असफलता एक स्थिति है व्यक्ति नहीं.

आप सफलता की सड़क पर सरसराते हुए सफर करने की उम्मीद मत कीजिए – गाड़ी में एक या दो पंचर तो होएंगे ही. गल्तियां हमें अक्सर बहुत बढ़िया सबक सिखाती हैं. नीति पुस्तक हमें सबक सिखाती है, ''समृद्धि के दिनों में आनन्द लो, मगर विपत्ति के दिनों में विचारवान बनो.'' ऑस्वॉल्ट एवेरी सावधान करते हैं, ''जब भी तुम गिरो, कुछ उठाते हुए उठो.'' जिस भी व्यक्ति ने रबर (इरेज़र) का आविष्कार किया उसके मन में निश्चय ही इन्सानियत के भले का ख्याल रहा होगा. आप देखेंगे कि जो लोग कभी गल्तियां नहीं करते हैं, वे कभी कुछ भी नहीं करते हैं. यह सच हैं – आप अपनी गल्तियों से फायदा उठा सकते हैं. इसलिए मैं करोड़पति बनने के बारे में आश्वस्त हूं.

असफलता गिरने में नहीं है बल्कि गिरे रहने में है. जोनाह के जैसा बनिए, जिसे जब एक मछली ने निगल लिया तो उसने दिखा दिया कि एक अच्छे आदमी को काबू में रखना आसान नहीं है. लड़खड़ाने का मतलब गिरना नहीं है. दरअसल लड़खड़ाना आपको गिरने से बचा सकता है. हर्मन मेलविले ने लिखा है, ''जिस आदमी ने कभी असफलता न पायी हो, वह कभी महान नहीं बन सकता.''

अपनी नाकामयाबियों के लिए नहीं, बल्कि सफलताओं के लिए विख्यात आविष्कारक थॉमस एडिसन का कहना है, ''लोग इसलिए नहीं याद रखे जाते हैं कि वे कितनी बार असफल हुए हैं, बल्कि इसलिए उनको याद किया जाता है कि वे कितनी बार सफल हुए हैं.'' हर गलत कदम अगले गलत कदम को आगे बढ़ाता है. डेविड बर्न्स की राय है, ''कोशिश कीजिए कि आपसे गल्तियां कम से कम हो. अगर लोग आपकी कमियों को नहीं पकड़ पाते हैं तो यह उनकी गलती है.''

लुई बूने ने कहा है, ''असफलता से इतना मत घबराइए कि आप नई चीज़ों को आजमाने की ही कोशिश न करें. जीवन का दुखद सार तीन कथनों में व्यक्त किया जा सकता है – किया जा सकता था, हो सकता था और किया जाना चाहिए था.'' रॉबर्ट शुलर ने लिखा है, ''इस बात पर गौर करें कि आपसे क्या छूट गया है, इस बात पर गौर न करें कि आपने क्या खोया है.'' अगर आप उनसे सबक लेते हैं तो गल्तियां बड़ी मूल्यवान हैं यह नज़रिया बनाइए फिर आपको ज़िन्दगी में कभी शर्मिन्दा नहीं होना होगा.

जो आदमी कभी गल्तियां नहीं करता, वह दूसरों के आदेशों पर चलने वाला व्यक्ति होता है. फ्रैडरिक रॉबर्टसन की मान्यता है, ''बड़ी गल्तियों के बिना कोई मनुष्य कभी महानता और श्रेष्ठता की मंजिल कहां पा सकता है.'' विलियम वार्ड का कहना है, ''असफलता एक विलम्ब है मगर हार नहीं है. यह एक अस्थायी भटकाव है मगर रास्तों का बंद हो जाना नहीं.''

खरा सोना # 19

''दुश्चिन्ता छोटी-सी चीज़ को भी हव्वा बना देती है''

(स्वीडिश कहावत)

महान नीति कथाकार बिली सनडे ने एक बार कहा था, ''भय ने मेरे दरवाजे पर दस्तक दी. आस्था ने जवाब दिया और फिर वहां कोई नहीं था.'' सच यही है भय का सही जवाब. भय, शिशुओं की तरह होते हैं, जो कि देखभाल से बढ़ते हैं. डिजरायली का विचार है, ''ज़िन्दगी में अनावश्यक आयी चिन्ता से बड़ी बात कोई और नहीं है, जिन्हें कि हम खुद पैदा करते हैं और पालते हैं.'' भय के बावजूद भी हमें कदम बढ़ाना चाहिए. क्योंकि अगर आप डरकर कदम बढ़ाना भूल गये तो घर तक सुरक्षित कभी नहीं पहुंच पाएंगे.

लुसी मोंटगोमरी का कहना है, ''जब आप चिन्तामग्न होते हैं तो ऐसा सिर्फ आभास होता है कि आप कुछ कर रहे हैं.'' चिन्ताओं से भविष्य की समस्याएं हल नहीं होती हैं, मगर यह आज की खुशियों का खात्मा जरूर कर देती है - ''एक मेहनत-मशक्कत भरे दिन से कहीं ज़्यादा थकानेवाला एक चिन्ताभरा दिन होता है'' (जॉन लुब्बॉक).

जब आप भविष्य के बारे में चिन्ता करने लगते हैं तो जल्द ही आपके पास कोई भविष्य नहीं होता, जिसके बारे में चिन्ता की जाए. कोई व्यक्ति चाहे भविष्य से कितना ही आतंकित क्यों न हो, फिर भी वह इसे देखने के लिए मौजूद रहना चाहता है. दुर्भाग्य से लोग भविष्य की चिन्ता ज़्यादा करते हैं, उसकी तैयारी कम.

परेशानी को तब तक परेशान मत कीजिए, जब तक कि परेशानी आपको परेशान न करे. आर्थर रॉश की राय है, ''चिन्ता दरअसल आपके दिमाग में धड़कती भय की एक छोटी-सी लहर है अगर इसे बढ़ावा दिया जाता है तो यह तूफान का रूप लेकर अन्य सब विचारों को तहस - नहस कर सकती हैं.''

सिस्टर मेरी ट्रिकी का कहना है, ''भय, वह विश्वास है कि आप जो करना चाहेंगे वह नहीं होगा.'' इसलिए आई पीटर की पुस्तक में उल्लेख किया गया है, ''अपनी सारी चिन्ताएं और देखभाल उसे (ईश्वर) को दे दो, वह निरन्तर आपको देख रहा है और आपका ख्याल रख रहा है.''

डॉ. रॉब गिल्बर्ट की सलाह है, ''दिल में हलचल होना स्वाभाविक है, मगर दिल को खोलकर हलचलों के बवंडर को निकल जाने दो.''

डर आपको थामे रखता है और आपको जोखिम उठाने वाले अपने पुट्ठों को फैलाने नहीं देता. इसलिए, ज़रा सोचिए: उस कल की चिन्ता की क्या तुक है, जो अभी तक आया ही नहीं. जॉर्ज पोर्टर सावधान करते हैं, ''अपनी कल्पनाओं पर हमेशा पहरा बनाए रखिए. आप अपनी राहों पर न जाने कितने शेर खड़े करते जाते हैं! और अगर हम इस बारे में किस्सों तथा सुझावों को अनसुना न करें तो न जाने कितनी तकलीफें उठानी पड़ें.''

दुश्चिन्ता एक डार्क रूम के समान है जहां 'नेगेटिव्स' को 'डेव्लप' किया जाता है. अगर आप चिन्ता को मुक्त नहीं करेंगे तो चिन्ता भी आपको मुक्त नहीं करेगी. शेक्सपियर ने बढ़िया बात कही है, ''हमारे संदेह हमारे वो शत्रु हैं जो हमें उन चीज़ों को हारने को मजबूर करते हैं जिन्हें हम जीत सकते थे. मगर वे हमें इस दिशा में कोशिश ही नहीं करने देते.''

''अगर आप किसी बाहरी वजह से पीड़ित हैं तो पीड़ा का एकमात्र कारण केवल वह चीज़ नहीं है, बल्कि इसका वह आकलन भी है जो कि आपने किया है और याद रखिए, आपके पास किसी भी पल इससे उबरने की शक्ति है'' (मार्कस ऑरेलियस). भय आपको वहां पहुंचने से ही रोकता है जहां आप जीत सकते थे. भय को आपसे – आपको वंचित करने तथा अपने सपनों को पूरा करने की दिशा में चलने से रोकने न दें. ज़्यादातर लोग अपने संदेहों पर विश्वास करते हैं और अपने विश्वासों पर संदेह करते हैं. इसलिए एक पुरानी कहावत को गांठ बांध लीजिए, ''अपने विश्वास को फलने – फूलने दीजिए और फिर अपने संदेहों को भरता हुआ देखिए.'' दुश्चिन्ता वह रास्ता है जो हमें कहीं से कहीं भी नहीं तक ले जाता है, इस पर हर्गिज़ कदम मत रखिए.

खरा सोना #20

आप जब – जब मुस्कराएंगे गुस्से पर अर्द्धविराम लगाएंगे

अपने रूप को सुधारना चाहते हैं तो एक शर्तिया श्रृंगार करके देखिए. इसका नाम है मुस्कान. हंसी एक बच्चे के डायपर जैसी होती है – यह समस्या को हल करती है और चीज़ों को उस समय के लिए अधिक स्वीकार्य बनाती है. खुश रहिए, हंसते – मुस्कराते रहिए. रॉबर्ट फ्रॉस्ट का कहना है, ''खुशियां ज़िन्दगी की कमियों को पूरा करती है.'' अब्राहम लिंकन ने कहा है, ''ज़्यादातर लोग उतने ही खुश होते हैं, जितने की चाह वे अपने मन में करते हैं.'' आपकी ज़िन्दगी का सबसे बुरा दिन वह होता है जिस दिन आप बिल्कुल नहीं हंसते हैं.

आशावादी व्यक्ति भूलने के लिए हंसते हैं, निराशावादी व्यक्ति हंसना भूल जाते हैं. आप भी कभी – कभार खुद पर हंस सकते हैं जैसा कि बहुत से दूसरे लोग करते हैं. एकमात्र दवा जिसके लिए डॉक्टर की पर्ची की जरूरत नहीं पड़ती, जिसका स्वाद कड़वा नहीं है और जिसकी कोई कीमत चुकानी नहीं पड़ती, उसका नाम है हंसी.

मुस्कान वह हथियार है जिसका वार कभी खाली नहीं जाता और हमेशा सुखद होता है. मुस्कान दूर तक जाती है मगर इसकी लंबी यात्रा की शुरूआत आपको करनी होती है. मुस्कान की पृष्ठभूमि में आपकी दुनिया ज़्यादा उज्ज्वल नज़र आती है.

हेनरी वार्ड बीचर एक उदाहरण देते हैं, ''हास्यभाव के बिना कोई व्यक्ति बिना स्प्रिंग के वैगन जैसा है जो रास्ते के हर गड्ढे से हिचकौले खाता रहता है.'' मौच वाडोक्स की इस बात को गांठ बांध लें, ''आपका हास्यभाव आपको अनाकर्षक को अनदेखा करने, अप्रिय को बर्दाश्त करने, अनपेक्षित को बर्दाश्त करने तथा असहनीय को हंसते हुए सह पाने की क्षमता प्रदान करता है.'' आपका चेहरा आपके दिन का दर्पण बन जाता है.

मैं यह मानता हूं कि आप जब भी हंसते हैं तथा जितना ज़्यादा हंसते हैं, अपने जीवन में कुछ शामिल करते जाते हैं. मुस्कान वह मोड़ है जहां से हम चीज़ों को सीधे देख सकते हैं. जेनेट लेन का कहना है, ''आप जो कुछ भी धारण करते हैं उनमें से

सबसे महत्त्वपूर्ण है आपकी मुस्कान.'' एक कहावत कहती है, ''खुश दिल एक औषधि की तरह होता है.'' मुक्त हंसी सबसे अच्छी औषधि है, भले ही आप बीमार हों या न हों.

''यह दुनिया एक दर्पण की तरह है, आप इस पर गुर्राएंगे तो यह आप पर गुर्राएगा. और आप इस पर मुस्कराएंगे तो यह भी आप पर मुस्कराएगा'' (हरबर्ट सैम्युअल). जो आदमी खुशियां पाना चाहता है उसे खुशियां देनी भी होंगी. उत्फुल्लता संक्रामक होती है. मगर ऐसा लगता है इस दुनिया के कुछ लोगों ने इस 'संक्रमण' से बचने का 'टीका' लगवा रखा है. चिढ़चिढ़े व्यक्ति को हर महीने नये मित्र खोजने पड़ते हैं.

प्रगति के पहिए को सनकी लोगों ने नहीं घुमाया है. टॉम वॉल्श के अनुसार, ''आप एक मिनट के लिए भी अपना सिर नीचे करते हैं तो 60 सेकेण्ड की खुशी खो देते हैं.'' पॉल बॉर्ज ने लिखा है, ''अप्रसन्नता यह बताती है कि आपके सोचने का तरीका गलत है, ठीक उसी तरह जैसे कि खराब स्वास्थ्य आपके शरीर में किसी गड़बड़ी का संकेत देता है.'' जब तक आप अंदर से महसूस न करें बाहर से मुस्कराना असंभव है. हंसना, जीने का दूसरा नाम है.

खिली धूप सी थी मुस्कान

मगर रात आयी तो आ गया उसका अवसान,

बहुत मामूली का उसका दाम था,

मगर वो दिन को जिन्दादिली से भर गयी.

(अन्जान कवि)

खरा सोना #21

जोशीलों के दम पर चलती है दुनिया

''सोच में रोमांच, बातों में रोमांच, काम में रोमांच और फिर आप बन जाते हैं एक रोमांचित व्यक्ति. तब ज़िन्दगी को मिलता है एक नया जोश. हर कदम में जागती है नई दिलचस्पी. और पैदा होते हैं जीने के नये मकसद. आप आशा, निराशा, एकरसता या अप्रसन्नता के माहौल में खुद को रखने के लिए वैसी ही सोच, बातचीत तथा काम चुन सकते हैं. और चाहें तो प्रेरणा, प्रोत्साहन, रोमांच, उत्साह की राह अपनाकर खुशियों की गहराई तक पहुंच सकते हैं. (नॉर्मन विन्सेंट पेले). जीवन के जिस क्षेत्र में भी आपके पास असीम उत्साह है आप वहां तकरीबन हर सफलता पा सकते हैं. यह दुनिया जोशीलों की है.

लोगों में बड़ा फर्क उनके जोश के स्तर का होता है. आपका जोश आपमें छिपी, अभी तक इस्तेमाल न की गई शक्तियों तथा संभवत: आपके भविष्य को दर्शाता है. विन्सेन्ट चर्चिल ने कहा हैं, ''सफलता वास्तव में जोश गंवाएं बिना असफलता से असफलता तक का सफर हैं.'' जोश और उत्साह के बिना आप जीवन की महान ऊंचाइयों को कभी नहीं छू पाएंगे.''

''कोई भी अपने जोश को खुद – ब – खुद जारी नहीं रख सकता है'' (पैपीरस). नये कदमों, नयी प्रेरणाओं, नई कोशिशों और नई दृष्टि से जोश को संवारा जाना चाहिए. अगर आपका जोश मर गया है तो इसके लिए जिम्मेदार आप खुद हैं. इसका मतलब है आपने इसे जरूरी खुराक नहीं दी है. आखिर जोश है क्या? हेनरी चेस्टर ने कहा है, ''जोश और कुछ नहीं सिर्फ अपने कदम पर भरोसा है.'' हेलन केलर ने कहा है, ''आशावाद वह विश्वास है जो उपलब्धि की ओर ले जाता है.'' आशा या विश्वास के बिना कुछ भी हासिल नहीं किया जा सकता है.

हमारी हैसियत नहीं, बल्कि हमारा लगाव हमें खुशी प्रदान करता है. याद रखिए, कुछ लोग सर्दियों में ठिठुरते रहते हैं जबकि कुछ लोग स्की का आनन्द लेते हैं. सकारात्मक हमेशा सकारात्मक परिणाम देता है. आपका रवैय्या एक ऐसी छोटी–सी

चीज़ है जो बड़े फर्क पैदा करती है. उदासीनता, हताशा, निराशा, अवसाद तथा उत्साहहीनता लोगों को समस्त बीमारियों से कहीं ज़्यादा बाधित करती है.

जिसका दिल भारी होता है वह किसी काम का भार उठा नहीं सकता है. ''हम यह सोचते हुए अपने काम करते हैं कि आराम और सुविधाएं ज़िन्दगी की मुख्य जरूरतें हैं जबकि ज़िन्दगी में वास्तव में खुश रहने के लिए जोश व उत्साह की जरूरत होती है'' (चार्ल्स किंग्सले). दुआएं प्राप्त कीजिए: ऐसा मत सोचिए कि दुआएं असर नहीं करती हैं.

हमारे जज़्बे तथा हमारी क्षमता के बीच एक सीधा रिश्ता होता है. आप दुनिया का उजाला बन सकते हैं, लेकिन जब तक स्विच ऑन नहीं किया जाता, दुनिया जानेगी कैसे? सूक्तियों की पुस्तक में लिखा है, ''जब आपके हाथ कुछ करने को बेताब हों, अपनी पूरी शक्ति से उसे कीजिए,'' सकारात्मक होना उपलब्धि के लिए अत्यावश्यक है तथा सच्ची प्रगति का आधार है.

अगर आप नकारात्मकता से भरी ज़िन्दगी जिएंगे तो समझ लीजिए आपकी नैय्या बीच भंवर में डूबेगी. नकारात्मकता से भरे व्यक्ति शुरू करने से पहले ही आधी जंग हार देते हैं.

विन्सेंट चर्चिल की इस बात से मैं पूरी तरह सहमत हूं, ''मैं एक आशावादी व्यक्ति हूं. कुछ और होने में मुझे कुछ बेहतर नहीं महसूस हुआ है.'' कभी आपने गौर किया है कि निराशावादी के पास चाहे कितनी ही चिन्ताएं हों, उसके पास एक – दो और को भी अपनाने की जगह रहती है. प्रसिद्ध चीनी कहावत को याद कीजिए, ''अंधेरे को कोसने से बेहतर है एक दीपक जलाना.'' दास एनर्गी का कहना है, ''ज़िन्दगी को समर्थन दीजिए, जी हां समर्थन!''

खरा सोना #22

आपको बदल कर रख देती हैं राह की बाधाएं

''नीरव शांति और भ्रम का दौर महान मस्तिष्कों के लिए रचनाशीलता का दौर होता है. धधकती आंच में तप कर ही खरा सोना बाहर निकलता है तथा काले बादलों में ही छिपी होती है सबसे चकाचौंध बिजली'' (कैलेब कोल्टन). अवसरों का दरवाजा प्रतिकूलता के कब्जों पर दोलन करता है. समस्याएं प्रगति की कीमत होती हैं. जीवन की बाधाएं हमें और 'अच्छा' बनाती हैं और 'कच्चा' नहीं. प्रतिकूलता अपने साथ फायदा लाती है.

बाधाएं अक्सर आपसे शक्तिशाली बनने का आहवान करती हैं, हार कर पलायन करने को नहीं कहती. राह में आप और ''किसी भी महत्त्वपूर्ण चीज़ के मध्य विकराल दानव खड़े रहते हैं,'' एन गिमिनेज की इस बात में वजन है. इसलिए इनसे टकराए बिना आप आगे नहीं बढ़ सकते. सच्चाई यह है कि अगर आप चाहते हैं कि चीज़ें आसान हों तो आपको मुश्किल होगी. अगर आप समस्याओं का सामना करने को तैयार हैं तो आप अवश्य कामयाब होंगे. सबसे बड़ी समस्याएं उनको मिली है, जिन्होंने सबसे बड़ी समस्याओं का सामना किया है.

अगर आप ऐसा सपना देखते हैं जिसमें कोई समस्याएं नहीं हैं तो अपने सपनों को कृपया सपना मत कहिए. अपना नज़रिया लुईसा में अल्कॉट जैसा रखिए, ''मुझे तूफानों का डर नहीं, मैं तो यह सीखना चाहती हूं कि लहरों पर जहाज कैसे तैरता है.'' सैम्युअल लोवर का कहना है, ''परिस्थितियां कमजोरों पर राज चलाती हैं; लेकिन वे बुद्धिमान व्यक्ति के लिए मार्गदर्शक बन जाती हैं. अपनी समस्याओं को अपने ऊपर हावी होने मत दीजिए. अपनी राह खुद बनाइए. कोई भी समस्या आपको बस राह दिखाती है ताकि आप अपनी सर्वोत्तम क्षमता प्रदर्शित कर सकें.''

एक चीनी कहावत के अनुसार, ''घर्षण के बिना हीरा दमकता नहीं है और न ही कोई आदमी अभ्यास के बिना पूर्णता प्राप्त कर सकता है. महानता की तैयारी करने के लिए बड़ी परीक्षाओं से गुजरना अनिवार्य है. जीसस की बात याद है न आपको,'' इस धरती पर तुम्हें अनेक परीक्षाएं देनी होगी, अनेक दुखों को सहना होगा; मगर ऊर्जावान रहो, क्योंकि तुम्हें दुनिया को जीतना है.''

मुसीबतों के प्रति हमारा रवैय्या कैसा होना चाहिए ? विलियम बॉयटकर का कहना है ''आज की मुसीबतें तथा संघर्ष और कुछ नहीं वह सर्वोत्तम कीमत है जो हमें कल की जीत के लिए अदा करनी है.'' लोड होल्ट्ज की धारणा है, ''प्रतिकूलता किसी व्यक्ति की महानता को नापने का एक पैमाना है. अगार संकटों से मेरा सामना न हुआ तो मैं इतना मज़बूत हर्गिज़ न बना होता.''

जब आपका सामना बाधाओं से होता है, तब आप अपने बारे में ऐसी बहुत सी बातें जानते हैं जिससे आप अब तक अनजान थे. आप यह भी जानते हैं कि आप वास्तव में किसी बात पर विश्वास करते हैं. हर समस्या व्यक्ति का खुद से परिचय कराती है.

चुनौतियां आपको विस्तार प्रदान करती है. मार्टिन लूथर किंग, जूनियर ने कहा है, ''आदमी की असली माप इस बात में नहीं है कि सुख – सुविधा में वह कहां पर है बल्कि इस बात में है कि चुनौती और प्रतिकूल स्थितियों में वह कहां है.'' बाधा को अपने फायदे की पायदान बनाना सफलता की दिशा में बढ़ने का पहला कदम है.

बेशक, ज़िन्दगी में काफी अनिश्चितताएं होती हैं. सिडनी हैरिस की बात पर जरा गौर कीजिए, ''जब मैं किसी को यह कहते हुए सुनता हूं कि 'ज़िन्दगी कठिन है ? तो मैं पूछता हूं, 'किसकी तुलना में ?' हम अपनी समस्याओं का मुकाबला तो कर सकते हैं मगर उनसे बहुत दूर या हमेशा के लिए भाग नहीं सकते. इसलिए हमारा रवैय्या जाने माने बेसबॉल खिलाड़ी स्टेन मुसियल जैसा होना चाहिए. गीली बॉल से कैसे निपटना चाहिए, इस पर टिप्पणी करते हुए वे कहते हैं, ''मैं तो बस बॉल के सूखे हिस्से को ही हिट करता हूं.'' चार्ल्स केटरिंग का कहना है, ''कोई भी आज तक समुद्र को पार नहीं कर पाता अगर जहाज के तूफान में फंस जाने पर ही मझधार में उतरना पड़ना. चैम्पियनों का पौष्टिक नाश्ता फल – मेवे नहीं बाधाएं – रूकावटें होती हैं.

खरा सोना #23

नीच व्यक्ति को महान ज़िन्दगी नहीं मिलती

आप ज़िन्दगी के धरातल पर रहते हुए जो ऊंचाई प्राप्त कर सकते हैं उसकी कोई सीमा नहीं है. ईमानदारी आज भी सर्वोत्तम गुण है. बहरहाल आज इसके गुण ग्राहक कम हैं. जॉर्ज बार्क्यू का मत है, ''सच्चाई का अस्तित्व है, केवल झूठ के अस्तित्व का आविष्कार किया जाना है.'' सर्वेन्तेज़ का कहना है, ''सच्चाई ठीक उस तरह झूठ के ऊपर उठ जाएगी जैसे पानी के ऊपर तेल.''

सफेद झूठ आपकी प्रतिष्ठा पर काले दाग छोड़ जाता है. आप अपनी कहानी को कमजोर किए बिना सच्चाई को लंबा नहीं खींच सकते. जब आप सत्य को खींचते हैं तो यह वापस अपनी जगह पर लौट आता है.

अगर आप सच्चाई के साथ लंबे समय तक टिके रहते हैं तो हर तर्क को जीत सकते हैं. ईमानदारी भले ही लोकप्रिय न हो, मगर यह हमेशा सही रहती है. लोग सच पर विश्वास नहीं करना चाहते यह तथ्य, सत्य से दूरी रखने का सबब नहीं होना चाहिए.

दो अर्धसत्य मिलकर कभी भी एक पूर्ण सत्य नहीं हो सकता. सच तो यह है अर्धसत्य से सावधान रहें. हो सकता है आपकी पकड़ में गलतवाला आधा हिस्सा आ गया हो. आप देखेंगे कि इसके पांव नहीं होते – इसीलिए इसे हमेशा दूसरों के सहारे की जरूरत पड़ती है. टी.एल. आस्बर्न ने कहा है, ''आप हमेशा सच बोलेंगे तो आपको कभी यह याद नहीं रखना पड़ेगा कि आपने क्या कहा था.''

सच एक ऐसी चीज़ है जिसका कोई विकल्प ज्ञात नहीं है. ईमानदारी का कोई विकल्प स्वीकार्य नहीं हो सकता. बेईमानी के लिए कोई बहानेबाजी नहीं चल सकती है.

सफेद झूठ जैसी गंदी चीज़ दूसरी नहीं. भले ही झूठ आपके वर्तमान का ध्यान रखें मगर इसका कोई भविष्य नहीं होता. झूठ पर बंधी आशाएं हमेशा टूटती हैं और नुकसान पहुंचाती है.

हरबर्ट कैसन ने कहा है, ''तुम मुझे एक झूठा दिखाओ, मैं तुम्हें एक चोर दिखाऊंगा.'' झूठ का मुख्य काम आपसे तथा दूसरों से चुराना होता है. जॉर्ज बर्नार्ड शॉ ने कहा है, ''झूठे की सबसे बड़ी सजा यह नहीं कि कोई उस पर भरोसा नहीं करता, बल्कि यह है कि वह किसी पर भरोसा नहीं कर सकता.''

झूठे लोगों का कोई सच्चा मित्र नहीं होता. अखिर आप उन पर भरोसा कैसे कर सकते हैं? ''अगर आप झूठे हैं और सच बोल रहे हैं तो आपके सच को भी झूठ ही माना जाएगा'' (सुमेरियन). झूठे की बात पर आप यकीन करते हैं, यह बात भी झूठ ही होगी. एक ईमानदार आदमी सच की कसौटी पर फिट बैठने के लिए अपने विचारों को बदलता है और एक बेईमान व्यक्ति अपने विचारों पर फिट बैठने के लिए सच को बदलता है.

ईमानदारी का कोई ऊंचा – नीचा स्तर नहीं होता. बस सच्चा होना ही काफी है. सत्य शक्तिशाली होता है और कायम रहता है. इस दुनिया में सच्चाई से अधिक शक्तिशाली दूसरी चीज़ नहीं है. पर्ल बर्क ने कहा है, ''सत्य हमेशा रोमांचक होता है. बोलकर देखो. इसके बिना जीवन बहुत उदास है.''

खरा सोना # 24

जुझारू लोग वहीं से अपनी सफलता की शुरूआत करते हैं जहां दूसरे लोग हार मान जाते हैं

क्या आप जीवन में कुछ हासिल करना चाहते हैं? एक पत्थर तोड़ने वाले की तरह बनिए. जेकब रीज का कहना है, ''चट्टान पर हथौड़ा चलाते पत्थर तोड़ने वाले की तरफ देखिए. वह चट्टान पर लगातार वार करता जाता है, शायद 100 वार खाली जाते हैं, चट्टान पर दरार भी नहीं पड़ती. फिर भी वह 101वां वार करता है और चट्टान के दो टुकड़े कर डालता है. मैं जानता हूं यह उसका आख़िरी वार नहीं था, शायद वह सिलसिला आगे भी जारी रखता, अगर जरूरी होता.'' आप ज़िन्दगी से जो भी अपेक्षा करेंगे उसके लिए आपका जुझारू होना जरूरी है. चैम्पियन रेस कार ड्राइवर रिक मियर्स की सलाह है, ''पहले स्थान पर आने के लिए आपको स्थान पर पहले आना होगा.''

जो व्यक्ति जुझारूपन के साथ किसी काम पर लगा रहता है उसे वह चीज़ जरूर मिलती है. इच्छा शक्ति है तो दृढ़ प्रतिज्ञ हुआ जा सकता है. मन में दृढ़ता न हो तो भीतर से विरक्ति पैदा होने लगती है. मॉन्टस्क्यू ने कहा है, ''सफलता अक्सर इस बात को जान लेने पर निर्भर करती है कि सफल होने में कितना समय लगेगा.'' सफलता का रहस्य है, ''न तो गिरो और न ही उड़ो.'' एक पुरानी कहावत है, ''जो आदमी अपने कर्म के प्रति समर्पित है वह राजा के सामने भी सर उठाकर खड़ा होता है.''

कई बार एक पल और अधर में लटकना सफलता का सूत्र बन सकता है. कैल्विन कूलिज़ का कहना है, ''लगे रहे' ने मनुष्य जाति की अनेक समस्याओं को समाधान दिया है तथा हमेशा ही समाधान देती रहेंगे.'' आप देखेंगे कि जुझारू लोगों में हमेशा इस प्रकार का रवैय्या होता है: मैदान कभी मत छोड़ो, बस यह वक्त की बात है. कॉम्प्टे डि बफन की सलाह है, ''पकड़े रहो, कस कर पकड़ो, पकड़ बनाए रहो. धैर्य का कोई जवाब नहीं है.''

जॉयल हौस ने फरमाया है, ''आप जो भी बनना चाहते हैं, अवश्य बन सकते हैं. दुनिया में कुछ बनने का निर्णय कीजिए और फिर आप कुछ अवश्य बनेंगे. 'मेरे बस

का नहीं' से इस दुनिया में कुछ भी नहीं हासिल हुआ है और 'मैं कोशिश करूंगा' ने चमत्कार कर दिखाए हैं.'' हरबर्ट कॉफमैन के अनुसार, ''कोशिशों की गिनती नहीं होती. अन्त भला तो भला, नहीं तो कोई यह भी याद नहीं रखेगा कि आप दौड़ में शामिल थे.''

हैमिल्टन हॉल्ट की यह बात गांठ बांध लीजिए; ''कोई भी मूल्यवान चीज़ मुफ्त में नहीं मिल सकती. आधी कोशिश से आधा परिणाम नहीं मिलता है. काम करना, लगातार काम करना तथा जी जान से काम करना ही अंतत: परिणाम पाने का एकमात्र उपाय है. ज़िन्दगी खुद – ब – खुद जीने लायक नहीं बन जाती, इसे जीने लायक बनाना पड़ता है.

राल्फ वाल्डो इमर्सन का कहना है, ''अधिकतर लोग शुरूआत वाले समूह के नुमायन्दे होते हैं.'' मैं चार्ल्स केटरिंग की इस धारणा से सहमत हूं, ''चलते रहिए, चलते रहिए, संभवत: आप किसी ऐसे समय किसी ऐसी चीज़ से टकरा जाएंगे, जब आप उसकी बिल्कुल उम्मीद नहीं कर रहे होंगे.'' बुलडॉग की तरह व्यवहार कीजिए. ''बुलडॉग की नाक पीछे की तरफ उठी होती है, ताकि वह बिना कुछ छोड़े लगातार सूंघ सकें'' (विन्सेन्ट चर्चिल).

जुझारूपन वहां अपने रंग दिखाता है जहां बाकी सब चीज़ें नाकामयाब हो जाती हैं. सच्चाई यह है कि जुझारूपन कड़वे पौधे का मीठा फल है. जोसफ रॉस की मान्यता है, ''सफलता पाने में समय लगता है क्योंकि यह कुछ भी अच्छा करने के लिए समय लेने का पुरस्कार है.'' जुझारूपन वह गुण है जो तब काम आता है जब आदमी थक कर चूर हो जाता है. जुझारूपन की पराकाष्ठा पर ही सफलता का परचम लहराता है.

खरा सोना #25

इंतज़ार... इंतज़ार... इंतज़ार, आपका बंटाधार

खुद से एक सवाल पूछिए, ''अगर मैं यह काम अभी नहीं करता हूं, तो अंतत: इसकी मुझे क्या कीमत चुकानी पड़ेगी ?'' जब कोई टालमटोलकर्ता अपने दिमाग में कुछ बिठा लेता है तो अवसर हमेशा उसके सामने से होकर गुजर जाता है. एड्विन मार्कुम ने लिखा है:

जब कर्तव्य की पुकार, खटखटाए आपका द्वार

तुरन्त स्वागत करो बढ़कर, न कराओ इंतज़ार

अगर वह लौट गया, दोबारा आने का वादा करके

तो अवश्य लौटेगा, मगर लेकर सात कर्तव्यों की कतार.

आपने कल तक के लिए जो टाल रहा है, आप शायद उसे कल भी टाल जाएंगे. सफलता उस आदमी को मिलती है जो वह काम आज कर लेता है जिसके बारे में दूसरे लोग आने वाले कल को करने की सोचते हैं. सुस्त आदमी हर काम कल के भरोसे टालता जाता है. विलियम हेल्ज़ी की सलाह है, ''सभी समस्याएं छोटी होती जाएंगी, अगर आप उनसे कतराएंगे नहीं, बल्कि उनका सामना करेंगे. ऊंटकटारा को आप डरते – डरते छुएंगे तो यह आपको चुभेगा; इसे मजबूती से पकड़ेंगे तो यह आपके इशारों पर नाचेगा.''

समय गंवाकर आप अपनी ज़िन्दगी गंवाते हैं. सर्वन्तेज़ की टिप्पणी है, ''बाय – बाय की गली से चलकर आप 'कहीं नहीं' घर पर ही पहुंच सकते हैं.'' टालमटोल करने वाला व्यक्ति ज़िन्दगी में आगे नहीं बढ़ता है – उसे ज़िन्दगी में घसीटा जाता है. ''बुद्धिमान व्यक्ति उसे तुरन्त कर लेते हैं, मूर्ख जिसे अंत में जाकर करता है'' (ग्रेशियन).

''कोईवार'' सप्ताह का कोई दिन नहीं है. कुछ न करना दुनिया का सबसे ज़्यादा थकानेवाला काम है. जब आप शुरूआत ही नहीं करेंगे तो आपकी मुश्किलें समाप्त कैसे

होंगी. अपनी परेशानियों से अभी निपटिए, जितना लंबा इंतज़ार करेंगे, वे उतनी ही बड़ी होती जाएंगी. बहानेबाजों को कभी छोटी समस्याओं का सामना नहीं करना पड़ा है, क्योंकि उन्होंने हमेशा अपनी समस्याओं के बड़े होने का इंतज़ार किया है.

ज़िन्दगी के खेल में आधे समय में स्कोर करने से ज्यादा महत्त्वपूर्ण और कुछ नहीं है. ''ज़िन्दगी की त्रासदी यह नहीं है कि आदमी हारता है, बल्कि यह है कि वह तकरीबन जीतता है'' (हेवुड ब्रोडन). जीतने से पहले मैदान मत छोड़ें. दौड़ का मतलब हमेशा तेज फर्राटा भरना नहीं होता, बल्कि दौड़ते रहना भी होता है.

जो लोग किनारे बैठ कर इंतज़ार करते रहते हैं उनकी नाव कभी पार नहीं लगती. ख्याली पुलाव से कभी पेट नहीं भरता. इस दुनिया का सबसे मुश्किल काम वह है जिसे कल कर दिया जाना चाहिए था. कठिन काम अक्सर आसान चीज़ों का जमा पुलिन्दा होता है जो पिछले हफ्ते निपटा दिया जाना था.

सर जोसियाह स्टैम्प ने कहा है, ''अपनी जिम्मेदारियों से भागना आसान है मगर अपनी जिम्मेदारियों से भागने के परिणामों को अनदेखा करना संभव नहीं है. विलियम जेम्स का ख्याल है, ''अधूरे काम से आत्मा पर पड़ने वाले बोझ जैसी भारी चीज़ दुनिया में दूसरी नहीं है.'' नीति पुस्तिका में उल्लेख है, ''अगर आप आदर्श स्थितियों का इंतज़ार करते रहेंगे तो आप कभी भी कुछ भी नहीं कर पाएंगे.'' जिम्मी लियन्स ने बड़ी सटीक चुटकी ली है, ''कल साल का एक मात्र वह दिन है जिसे आलसी व्यक्ति बहुत चाहता है.''

''वह आदमी जिसके पास करने के लिए कुछ भी नहीं है, किसी भी दूसरे प्रकार के काम से बहुत ज्यादा मेहनत करता है. लेकिन मुझे उस आदमी पर तरस आता है जो यह जानते हुए भी कि उसे काम करना है, उस काम से आंख–मिचौनी खेलता रहता है. आखिरकार वह खुद को ही दण्डित करता है'' (ई. आर. कॉलकोर्ड). अपना भविष्य गढ़िए. वक्त को गड्ढे में मत डालिए.

खरा सोना # 26

ज़िंदगी का मकसद है, मकसद से भरी ज़िंदगी होना''

(रॉबर्ट बर्न)

क्या आप अनिश्चित भविष्य को लेकर परेशान हैं ? आप अपने भविष्य के बारे में निश्चित बात तभी कर सकते हैं जब आपके पास अपना कोई मकसद हो. काफी लोग ये जान लेते हैं कि वे किससे भाग रहे हैं पर वे ये नहीं जानते कि वे किसके लिए भाग रहे हैं? इसलिए सबसे पहले जरूरी है यह जान लेना कि अपना मकसद क्या है और उसके बाद उसे पूरा करने के लिए कार्यरत हो जाना! शक्तिशाली *'क्यों'* आपको आवश्यक *'कैसे'* का जवाब दे देगा. पैसा छोड़कर कोई भी मकसद आपके लिए ताकतवर पूंजी साबित हो सकता है.

मायलेस मोनरोय का कहना है कि, ''हर किसी के लिए कहीं न कहीं शुरूआत होती है और उसे पूरा करना उसके भाग्य में लिखा रहता है.'' आप अपने उद्देश्य का ध्यान रखें, वह अपने आप पूरा हो जायेगा. जब आपका जीवन सिद्धांतों पर आधारित होगा तब 99% निर्णय तो पहले से ही तय हो जायेंगे. सिर्फ कार्रवाई करना हो तो शेष रहेगा? मारकस, ऑरेलियस की बात मान लीजिए कि, ''मकसद के बिना कोई काम नहीं करना चाहिए.''

''आपकी उपलब्धियों की ऊंचाई आपके दृढ़ विश्वास की गहराई – जितनी होगी. खुशी ढूंढने जायेंगे तो वह कभी नहीं मिलेगी. मकसद ढूंढेंगे तो खुशी उसके पीछे–पीछे चली आयेगी. जैसे कि सूरज की रोशनी में साया पीछे–पीछे चला आता है.'' (विलियम स्कोलाविनो). जैसे–जैसे आप अपने भाग्य की ओर बढ़ेंगे वह एक चुंबक की तरह आपको अपनी ओर खींच लेगा. गोल–गोल घूमने की बजाय भाग्य की ओर बढ़ना ज़्यादा अच्छा रहता है.

जॉन फोस्टर का कहना है, ''आप क्या होंगे?'' ''आप क्या करेंगे?'' जैसे आम सवालों का जवाब न दे पाना बहुत ही अशोभनीय बात है.'' इसमें डॉ. चार्ल्स गैरफील्ड जोड़ते हैं कि, ''निश्चित और मजबूर करनेवाले ध्येय के लिए प्रतिबद्ध व्यक्ति ही सर्वोत्तम कार्यनिष्पादन करते हैं. इससे स्पष्ट होता है कि वे अपने कार्य के प्रति, अपने प्रयत्नों

को लेकर तथा उस ध्येय प्राप्ति में जरूरी शक्तियों और उत्साह के बारे में बहुत सचेत रहते हैं.'' जब तक आप अपनी ज़िंदगी के उद्देश्यों पर हावी नहीं हो जाते तब तक उससे मुक्त नहीं हो सकते.

विलियम काउपर कहते हैं, ''उद्देश्यों में अपने आप को उलझाने से ही सच्ची खुशी मिल सकती है.'' कितनी सच कहावत है कि, ''अपनी योजना को जान लेने के बाद दूसरी कोई बात आपको संतुष्ट नहीं करती.''

अपने भविष्य से नाता न तोड़ें. तूफान में वह आपका लंगर बना रहेगा. मकसद के बिना ज़िंदगी बहुत लम्बी नहीं चल सकती. अपने मकसद के बारे में आपका विश्वास ज़िंदगी का सार होता है और जीवन में आप जो भी पायेंगे या खो देंगे, वह उसी पर निर्भर करता है.

आम इन्सान की ज़िंदगी में औसतन 20 साल माता–पिता पूछते रहते हैं कि वह कहां जाना चाहता है, अगले 40 साल जीवनसाथी उससे पूछता रहता है और मौत के बाद उस पर रोनेवाले सोचते हैं कि इसने ज़िंदगी में क्या पाया? मार्टिन लूथर किंग जूनियर का कहना है कि, ''यदि आदमी यह नहीं सोच पाता है कि उसे किस चीज़ के लिए मरना है, तो उसे जीने का भी कोई अधिकार नहीं है.'' अपने आप को भाग्य पर छोड़ दें.

खरा सोना # 27

''दिन की शुरूआत उदासीनता से न करें.''

पल को चुरा लें. अवसर आपके लिए प्रतिदिन उपलब्ध हैं. आपका आज वह भविष्य है जिसके लिए आपने पूर्व में काफी उम्मीदें लगायी थी. होरातिओ ड्रेसर कहते हैं कि ''आदर्श कभी नहीं आता. आज उसके लिए आदर्श है जो उसे आदर्श बनाता है.'' आज उसके लिए जियें. आज आपके पास जो है उसे कसकर पकड़ लें. क्योंकि अगर आप भविष्य की आस में छोड़ देंगे या भूतकाल निराशामय था यह सोचकर आज को भी नहीं जियेंगे तो हाथ कुछ भी नहीं आयेगा.

आज का यह पल सर्वोत्तम बनाइए ताकि अगला पल भी अच्छा गुजरे. अगर अब नहीं जियें तो कम जियेंगे? कल के सभी फूल आज कलियों में बंद हैं. सेनेका का कहना है, ''तुरंत जीना आरंभ करें.'' एलेन मेटकैफ का मानना है कि, ''कई लोग सही समय पर सही जगह होते हैं पर वे इस बात से अनजान रहते हैं.'' योजना बनाने में समय लगना ठीक बात है. लेकिन जब कार्रवाई का समय आता है तब सोचना बंद करके तुरंत कार्रवाई करनी चाहिए.

मारी एडवर्थ का मानना है कि, ''वर्तमान नाम का कोई पल नहीं होता. अगर कोई अपने संकल्पों पर तुरंत अमल नहीं करता वह बाद में भी उन पर काम नहीं कर सकता. क्योंकि वे संकल्प धीरे – धीरे समय की धारा में बह जाते हैं, हवा में खो जाते हैं या गुमनाम हो जाते हैं.''

जॉन बरोज़ कहते हैं, ''ज़िंदगी बार – बार, लगातार जो पाठ दोहराती है वह है, ''अपने पैरों के नीचे देखो.'' आप हमेशा मंज़िल के बहुत करीब रहते हैं पर आप देख नहीं पाते. ...आप जहां है वहीं मौका आपके लिए उपलब्ध है. अपनी जगह और समय को मुफ्त में न गंवायें.'' जीवन में सबसे महत्वपूर्ण बात यह है कि हम अब क्या कर रहे हैं.

आज का सही मूल्य जानें. मैं जोनाथन स्विफ्ट से सहमत हूं जब वे कहते हैं कि, ''आप अपनी ज़िंदगी के सारे दिन जियें.'' आपके लम्बे और सपनों के भविष्य की शुरूआत आज ही से होती है. राल्फ वाल्डो एमरसन कहते हैं कि, ''अपने दिल पर लिख लें कि आज साल का सर्वोत्तम दिन है.''

अधिकांश लोगों को ज़िंदगी में खेद तब होता है जब से अवसर का लाभ उठाने से चूकते हैं. आल्बर्ट डनिंग मानते हैं कि, ''सुहाने अवसर सभी की ज़िंदगियों में आते हैं लेकिन कई लोगों को पता नहीं होता कि वे अवसरों से मिल रहे हैं. इन मौकों का लाभ उठाने के लिए तैयार रहना चाहिए—और उसके लिए देखते रहना चाहिए कि हर दिन आपके लिए क्या लाता है.''

मैं मार्टियल से सहमत हो जाता हूं जब वे मानते हैं कि, ''कल ज़िंदगी में देर हो जायेगी. आज जीना चाहिए.'' वेन डायर कहते हैं, ''अब जो भी है वही सही है. सच है. जो हो चुका है, जो होनेवाला है वह केवल कल्पना मात्र है.'' आज हम अच्छे से जियेंगे तो कल के अवसरों के लिए और बाधाओं के लिए तैयार रहेंगे.

नोहा ने किसी जहाज के आने का इन्तज़ार नहीं किया. बल्कि खुद ही जहाज बना लिया. बहुत कम लोगों को पता रहता है कि कब मौके का लाभ उठाना चाहिए. अधिकांश लोग तो सिर्फ इतना ही जानते हैं कि कब चुप बैठना चाहिए. कई लोग भविष्य के सपनों में समय गंवाते हैं और यह भी नहीं जान पाते कि हर दिन उसमें से थोड़ा – सा रोज घटता जाता है. मैं रूथ स्कॅबेकर से सहमत हूं जब वे कहती हैं कि, ''हर दिन अपना उपहार लेकर आता है. हमें उसे खोलना होता है.''

खरा सोना #28

हर कोई किसी–न–किसी से सहायता चाहता है

दूसरों की सहायता करना ज़िंदगी का सबसे विस्मयजनक अधिकार है. अल्बर्ट श्वेटज़र ने कहा था कि, ''आप में से सबसे ज़्यादा खुश वहीं होंगे जिन्होंने दूसरों की सहायता करना सीख लिया है.'' पेरी दी चार्टिन ने कहा था, ''जीवन में सबसे संतुष्टि देनेवाली बात है दूसरों की सहायता करना.'' कार्ल रेलन्ड का विचार कि, ''जितना आप दूसरों के लिए मददग़ार होंगे उतनी ही मात्रा में आपको खुशी मिलेगी.''

लोगों में अच्छाइयां ढूंढें. याद रखें कि वे भी आप में यही ढूंढते हैं. फिर उन्हें मदद करने के लिए कुछ करें. अगर आप आगे बढ़ना चाहते हैं तो पुल बनें दीवार नहीं. लोगों की योग्यता से ज़्यादा उन्हें प्यार दें. डॉ. फ्रैंक क्रेन ने कहा था, ''जब तक आप सही पहल नहीं करते तब तक उस पहल का कोई मायने नहीं होता'' हर इन्सान आपको सहायता करने का अवसर देता है.

जॉन एन्ड्रयू होल्मस कहते हैं, ''दुनिया की सारी जनता, इक्का – दुक्का अपवाद छोड़कर एक दूसरे में मिली हुई हैं. हमेशा हम उम्मीद करते हैं कि दूसरा अच्छी पहल करे. शायद यह पहल काफी पुरानी हो चुकी है लेकिन आज भी उसका अपना महत्व है. यदि हम लोगों को निम्न कोटि का समझते हैं तो वह हमारी अव्वल दर्जे की भूल है.

खुद की सहायता किये बिना आप दूसरों की मदद नहीं कर सकते. दया करना एक ऐसी मुश्किल चीज़ है जो हमेशा आपके पास वापस आ जाती है. जो इन्सान दया के बीज बोता है उसे लगातार उसकी फसल मिलती रहती है. मैं हेनरी ड्रमॉन्ड से सहमत हो जाता हूं, जब वे कहते हैं कि ''मुझे आश्चर्य होता है कि हम एक दूसरे के प्रति दयालु क्यों नहीं हैं?... दुनिया को इसकी कितनी जरूरत है. और यह कितना आसान भी है.''

क्या आप दूसरों के साथ बढ़िया व्यवहार चाहते हैं? तो जरूरत से थोड़ी ज़्यादा दयालु प्रवृत्ति रखिए. अपनी खुद की समस्याओं को भूल जाना दूसरों को परेशानियों से बाहर निकलने में मदद करना होता है. जब आप बांटते हैं तब आपकी ज़िंदगी कम नहीं होती, बढ़ती है.

थियोडर स्पियर ने कहा था, ''दूसरों की सहायता करने के मामले में आप अपने आप से बहुत ज़्यादा उम्मीद नहीं कर सकते.'' बांस जितना लम्बा होता है उतना ही वह कम झुकता है. मार्टिन लूथर किंग जूनियर ने कहा था, ''हर कोई महान हो सकता है—क्योंकि कोई भी किसी की सहायता कर सकता है.''

सही नेतृत्व नौकर बनने से शुरू होता है. हैरी फोस्डीक कहते थे, ''ईसा द्वारा कहा गया एक वाक्य बड़ा ही स्तंभित करनेवाला है कि,'' आपका नौकर आपके लिए सबसे महान व्यक्ति है. ''इतनी शताब्दियों के बाद भी हम उस सभी के नौकर माने गये ईसा जैसे महान व्यक्ति को भूल नहीं पाये हैं.''

हेनरी बर्टन ने लिखा है:

क्या आपके पास दयालु प्रवृत्ति रखी है?

उसे आगे बढ़ाइए.

यह सिर्फ आपके लिए नहीं है,

उसे आगे बढ़ाइए.

उसे वर्षों तक आगे जाने दीजिए,

दूसरों के आंसू पोंछने दीजिए.

जब तब स्वर्ग में वह दर्ज न हो पाये,

तब तक उसे आगे बढ़ाते जायें.

खरा सोना # 29

बूंद–बूंद से बनता सागर!

छोटे–छोटे कदम उठाने की हिम्मत से सफलता मिलती है. विश्वासपूर्वक छोटे कदम उठाने के बाद जब आप पीछे मुड़कर देखेंगे तो आपको ऐसा कहना पड़ेगा कि ''मैं अभी तक वहां नहीं पहुंचा हूं जहां मैं पहुंचना चाहता हूं. लेकिन मैं जहां था वहां तो अब नहीं हूं.'' जुलिया कार्ने ने कहा है, ''पानी की छोटी बूंदें और रेत के छोटे कण ही इस महान समुद्र और सुंदर जमीन को बनाते हैं.'' लेखक लुइस एलामोर ने लिखा है, ''यश मीलों में नहीं इंच में जीता जाता है. फिलहाल थोड़ा यश पायें, अपनी जमीन मजबूत कर लें और बाद में ज़्यादा सफलता पायें.'' कभी–कभी हमें थोड़ी सी यश प्राप्ति होती है और यह परखा जाता है कि ज़्यादा मिलने पर हम क्या करेंगे.

डेल कार्नेज ने कहा है, ''छोटे दिखनेवाले कामों में अपनी पूरी कोशिश लगाने से डरे नहीं. जब – जब आप एक – एक यश प्राप्त करते जायेंगे उतनी – उतनी मात्रा में ज्यादा शक्तिशाली बनते जायेंगे. अगर आप छोटे – छोटे काम अच्छी तरह से करेंगे तो बड़े काम अपने आप बनते जायेंगे. आपका भविष्य एक – एक घंटे से आगे बढ़ता है. थॉमस हक्सले ने पाया है कि, ''सीढ़ी का डंडा सिर्फ पैर रखने के लिए नहीं होता, बल्कि इसलिए होता है कि मनुष्य अपना अगला कदम और ऊंचा रख सके.

प्रगति चाहे धीरे हो या कम हो उससे निराश न हो जायें. बस तय यह कर लें कि एक जगह खड़े नहीं रह जाना है. सफलता उसी को मिलती है जो यह जानते हैं कि वे जहां है और जो उनके पास है उससे क्या किया जाना चाहिए. हेलेन केलेर ने कहा है, ''मैं महान और आदर्श कार्य करने की इच्छा तो रखती हूं परंतु मेरा मुख्य कर्तव्य है छोटे कामों को महान और आदर्श काम समझकर उन्हें पूरा करना.''

''वह व्यक्ति सबसे ज़्यादा गलती करता है जो कुछ नहीं करता है क्योंकि वह बहुत छोटा सा काम कर सकता है'' (एडमंड बुर्के). बड़े कामों की योजनाएं बनाने से ज़्यादा बेहतर है छोटे काम कर देना. मैं मानता हूं कि आपको अपनी ज़िंदगी में छोटी–छोटी बातों की भी उतनी ही परवाह करनी चाहिए जितनी की बड़ी–बड़ी बातों की! क्यों? क्योंकि यदि आप छोटी बातों के प्रति ईगानदार रहेंगे तो बड़ी – बड़ी बातें अपने आप ही पूरी हो जायेंगी.

सफलतापूर्वक एक कर्तव्य निभा देने का पुरस्कार यह है कि दूसरी बात का अवसर मिल जाता है. आर. स्मिथ ने कहा है, ''इन्सानी किस्मत की शुरूआत जिन मुश्किल बातों से होती हैं, वे बड़ी ही छोटी सी बातें होती हैं.'' छोटी बातें अब करें. बड़ी बातें अपने आप आपके पास आ जायेंगी.

एक बात तय है कि जिस पर कोशिश नहीं की गयी है वह काम कभी नहीं होगा. महत्वपूर्ण बात है शुरूआत करना चाहे पहला कदम कितना भी मुश्किल क्यों न हो. मैं विन्स लोम्बार्डी से सहमत हूं कि ''इंच से चैम्पियन बनता है.'' अभी छोटा सही कदम उठायें. छोटी बातों को नज़रअंदाज न करें. पतंगी अपनी पूंछ के कारण उड़ती हैं. एक छोटी सी बात यहां महत्वपूर्ण है. कभी – कभी छोटी सी पिन बैंक के अध्यक्ष से ज़्यादा जिम्मेदारी निभाती है.

एच. स्टोरी का मानना है कि, ''विश्वास रखें कि अगर आपने *छोटी–छोटी* बातें सही की हैं तो आप *बड़ी – बड़ी* बातें भी सही करेंगे.'' पैट रॉबर्टसन की बातों पर गौर करना चाहिए कि, ''छोटी शुरूआतों के दिनों की उपेक्षा न करें क्योंकि आप अनजाने में कई गलतियां कर सकते हैं.'' छोटी – छोटी बातों को महत्वपूर्ण समझें. कभी किसी दिन आप पीछे मुड़कर देखेंगे तो पायेंगे कि वे छोटी बातें असल में बड़ी बातें थीं. दांतें ने कहा है, ''छोटी – सी चिंगारी आग भड़काती है.'' उन्नति की ओर बढ़ते समय इस बात को याद रखें. बड़ा कुत्ता पहले कभी छोटा – सा पिल्ला ही तो था.

खरा सोना #30

अपनी जगह से आरंभ करें

अपने पास जो है उससे आरंभ करें. जो नहीं है, उसके इन्तज़ार में समय न गंवायें. अवसर वहीं होते है जहां आप हैं. जहां आप थे वहां के अवसर कोई मायने नहीं रखते. कहीं जाने के लिए आप जहां जिस जगह पर हैं वहीं से आरंभ करना होगा वरना आप कहीं नहीं जा पायेंगे.

हैमिल्टन मेबी ने कहा है, ''हर इन्सान के लिए यह सवाल नहीं है कि कुछ कर दिखाने के वास्ते अगर उसके पास साधन, समय, सिफारिश और शिक्षा जैसे लाभ होते तो वह क्या करता, अपितु उसके पास फिलहाल उपलब्ध जो भी है उससे वह क्या सकता है.'' हममें से हर किसी के पास यह क्षमता होती है कि आज हमारे पास जो कुछ भी है उससे हम खुद के लिए जरूरी बात का आरंभ कर सकें.

आम प्रवृत्ति होती है कि हम जो हमारे पास है या जो नहीं है उसको जरूरत से ज़्यादा या कम महत्व देते हैं. एड होवे कहते हैं, ''लोग हमेशा जो कर सकते हैं उसकी उपेक्षा करके जो नहीं कर सकते उस पर ध्यान देते हैं.''

मैं रोडी रूज़वेल्ट से सहमत हो जाता हूं जब वे कहते हैं कि, ''अपने पास जो है, हम जो कर सकते हैं और हम जहां हैं वहीं से आरंभ करें.'' किसी भी बात को पूरी तरह समझने के लिए उसके तह तक जाना होता है (तैरना सीखना हो तो बात अलग है.) सफल बनने के लिए आप जो कर सकते हैं वहीं करें.

केन की, जूनियर का मानना है, ''आज जो हमारे पास नहीं है उसके लिए परेशान होने का मतलब है, जो है उसे भी खो देना.'' सच्चाई यह है कि कई लोग इसलिए सफल होते हैं क्योंकि उनके पास वे लाभ नहीं होते जो दूसरों के पास होते हैं.

एपिक्यूरस ने कहा है, ''जो नहीं है उसकी आकांक्षा में जो है उसे बरबाद न करें. क्योंकि याद रखना चाहिए कि आज जो हमारे पास है उसकी भी कभी हमने तमन्ना की थी.'' हेनरी अमेल के अनुसार, ''कुछ भी न होने की स्थिति में ही सब कुछ मिल जाता है.''

आज अपने पास जो भी है, उसकी सही समय पर उपयोग करने से जो लाभ होगा वह जितना निश्चित है उतना और कुछ भी निश्चित नहीं हो सकता. हर किसी ने आज की मंज़िल तक पहुंचने से पहले कहीं – न – कहीं शुरूआत की थी.

सच यह है कि जब तक आप कोशिश नहीं करते आपको मालूम नहीं होगा कि आप क्या कर सकते हैं. अत्यंत महत्वपूर्ण बात और नियम यही होगा कि सपनों को साकार करने के लिए जहां हैं वहीं से आरंभ करें. एडवर्ड हेल मानते हैं, ''मैं सब कुछ नहीं कर सकता, लेकिन थोड़ा कुछ तो कर ही सकता हूं और चूंकि मैं सब कुछ नहीं कर सकता, मैं उन बातों से इन्कार नहीं करूंगा जो मैं कर सकता हूं.''

आशा या डर से

न मैं आगे देखता हूं और न ही पीछे झांकता हूं,

बल्कि एहसानमंद होकर आज से यहीं से

सबसे अच्छी बातें उठा लेता हूं.''

(जॉन ग्रीनलीफ विटियर)

खरा सोना #31

... रहें.

खुद के... रहें.

सकारात्मक... रहें.

एहसानमंद... रहें.

निर्णायक... रहें.

दयालु... रहें.

आग्रही... रहें.

ईमानदार... रहें.

उत्कृष्ट... रहें.

दृढ़... रहें.

सहनशील... रहें.

वफादार... रहें.

प्रतिबद्ध... रहें.

समर्पित... रहें.

एकाग्र... रहें.

क्षमाशील... रहें.

उत्साही... रहें.

आशावादी... रहें.

विश्वसनीय... रहें.

निष्ठावान... रहें.

मददगार... रहें.

कृपावान... रहें.

खुश... रहें.

साहसी... रहें.

उदार... रहें.

प्रेमपात्र... रहें.

भरोसेमंद... रहें.

समझदार... रहें.

शुद्ध... रहें.

आज्ञाकारी... रहें.

उद्देश्यपूर्ण... रहें.

प्रभावी... रहें.

निर्माणकर्ता... रहें.

जिम्मेदार... रहें.

आस्थावान... रहें.

शांत... रहें.

शुभचिन्तक... रहें.

अनुग्रही... रहें.

खरा सोना #32

कृतज्ञ रहें और लाभ पायें

क्या आपने कभी पाये हुए आशीर्वाद गिने हैं. या यह सोचा है आशीर्वाद कभी फलते नहीं? क्या आप में कृतज्ञता है? जितना आप इस बारे में सोचेंगे उतने ज्यादा कृतज्ञ बनेंगे. हमारी सभी भावनाओं में कृतज्ञता को हम जल्दी भूल जाते हैं.

सिसेरो ने कहा है, ''कृतज्ञ मन केवल सर्वोत्तम सद्गुण नहीं है बल्कि सभी अन्य सद्गुणों का जनक है.'' जितना ज़्यादा आप कृतज्ञ रहेंगे आपका आध्यात्मिक स्वास्थ्य उतना अच्छा रहेगा.

कुछ खोने के लिए आपको अपनी तरफ से कुछ निकालना नहीं होगा. बल्कि आपको जो सौगातें मिली हैं उन्हें भूल जाना होगा. परंतु जब आप अपने आशीर्वादों के प्रति कृतज्ञ रहेंगे तब आपके पास लाभ ही लाभ होंगे.

आज, खेद को कृतज्ञता में बदल डालें. जो नहीं है उसके लिए दुखी होने से जो है उसके लिए कृतज्ञ बनें. अगर आप अपने पास उपलब्ध बातों के लिए कृतज्ञ नहीं बन सकते तो उन बातों के लिए एहसानमंद रहें जिनसे आप बचकर निकल सके हैं.

हेनरी वॉर्ड बीचर का मानना है, '' कृतघ्न व्यक्ति को कहीं दया नज़र नहीं आती लेकिन कृतज्ञ मन हर समय ईश्वर की कृपा देखता रहता है.'' जितनी ज़्यादा शिकायत आप करेंगे उतने ही आप घाटे में रहेंगे.

''अगर हमें अपनी इच्छानुसार सब कुछ मिल जाये तो कुछ ही समय में हमें उन प्राप्त चीज़ों में कोई रूचि नहीं रहेंगी'' (वेरनॉन लचीज़). अगर आप पास में उपलब्ध चीज़ों से खुश नहीं हैं तो और ज़्यादा मिलने से कैसे ज़्यादा खुश हो जायेगें?

कृतज्ञ मन में कभी निराशा के बीज नहीं फलते. एरिच फ्रोम का कहना है, ''लालच एक ऐसा बर्तन है जिसका तल नहीं है. लालच को संतुष्ट करने में इन्सान असीमित कोशिशें करके थक जाता है लेकिन उसे संतुष्टि नहीं मिलती.''

एपिक्यूरस ने भी पाया है कि, ''जिस व्यक्ति को पर्याप्त चीज़ें भी बहुत कम नज़र आती हैं उसके लिए पर्याप्त का मतलब शून्य होता है.'' आम इन्सान की पहचान है

मन में आभार रखना. आप इतने व्यस्त कभी न रहें कि दूसरों से उपकार लेकर भी उन्हें धन्यवाद तक न दे सकें. इस बात को जोल बुध की बातों से जोड़ा जा सकता है कि, ''मुझे लगता है कि मैंने ही *''अमेज़िंग ग्रेस''* लिखा है''.

''खुशी जब अपने हाथों में होती है तब वह बहुत छोटी सी लगती है. पर दूर जाने के बाद अचानक वह बड़ी और कीमती लगने लगती है'' (मैक्सिम गोर्की). मुझे लगता है कि हमें जॉर्ज हबर्ट का रवैय्या अपनाना चाहिए कि, ''हे ईश्वर तुमने मुझे इतना कुछ दिया है, बस अब एक कृतज्ञ मन भी दे दो.'' ज़िंदगी के अंत में आपको यह कहने की नौबत न आये कि, ''मेरा जीवन कितना सुंदर था! काश, मैं इसे पहले समझ पाता!''

जूठे बर्तनों के लिए

ईश्वर का धन्यवाद करें

क्योंकि उनके पास जो कहानियां हैं

वे दूसरों के पास नहीं है.

जब दूसरे भूखे रहते हैं.

हम बढ़िया भोजन करते हैं

घर, स्वास्थ्य और खुशी के बाद

अब हमें क्या चाहिए?

बस अब इस घरोहर के लिए

हमें ईश्वर का आभारी रहना है.

खरा सोना #33

अतीत में डूबे रहने से पिछड़ जाने का डर है.

भूतकाल का कोई भविष्य नहीं होता. माइक मडॉर्क ने कहा है, ''जहां से आप आये हैं उसी ओर झांकते रहने से अच्छा है उस ओर देखें जहां आपको जाना है.'' आपका भाग्य आगे है, पीछे नहीं. कैथरिन मैन्स्फील्ड की सलाह है, ''ज़िंदगी का नियम बना लें कि अतीत के लिए दुखी नहीं होना है. खेद पालने से शक्ति का अनावश्यक ह्रास होता है. उस पर नयी आशा पनप नहीं सकती. अतीत में झूलते रहना बेकार है, उसे भुला देना चाहिए.

किसी किसान ने एक बार कहा था कि उसका खच्चर आगे बढ़ने से बुरी तरह कतराता है... आज कई इन्सानों की भी यही स्थिति है. क्या आप भी आगे बढ़ने के मामले में पिछड़े हुए हैं? पिछले अनुभवों के बलबूते पर निर्भर रहने से ज़्यादा गलतियां हो सकती हैं. फिलिप रस्कीन ने कहा है, ''जो व्यक्ति अतीत को बड़ा बनाकर रखकर आज बर्बाद करता है वह कल इस आज को बड़ा बनाने में समय नष्ट करेगा.'' 'पुराने सुहाने दिन'... वाली भावना को हटा दें.

अतीत जैसा था वैसा ही रहेगा. आप अब उसे बदल नहीं सकेंगे. आपके भविष्य में अतीत से ज्यादा खुशियां रखी हुई हैं. इसे याद रखें. अतीत की यादों से भरे आपके मन में भविष्य के गुलाब नहीं खिला सकते. हमेशा विश्वास रखें कि सर्वोत्तम समय तो अब आनेवाला है.

ऑस्कर वाइल्ड मानते हैं कि, ''कोई व्यक्ति इतना अमीर नहीं होता कि अतीत को खरीद सके,'' डब्ल्यू. आर. इंग के कहने पर गौर करें, ''अतीत की बातों को शायद दो ही श्रेणियों में रखा जा सकता है. 1) जो कभी घटी ही नहीं और 2) जिनके घटने से कोई विशेष फर्क नहीं पड़ता.'' जितना आप अतीत में डूबे रहेंगे उतना ही पिछड़े रहेंगे. थॉमस जेफरसन ने बिल्कुल सही कहा है , ''मुझे अतीत के इतिहास से भविष्य के सपने ज़्यादा अच्छे लगते हैं.'' कई लोग 'जो कुछ घट चुका' उसके सहारे आनेवाली ज़िंदगी गुजारते रहते हैं.

हबर्ट हम्फ्रे ने क्या बढ़िया बात की है, ''विश्वास रखें कि पुराने सुहाने दिन इतने बढ़िया नहीं थे. आज का दिन ज़्यादा अच्छा है और भविष्य और ज़्यादा सुनहरा होगा.

खुशी के गीत गाने तो अभी बाकी है.'' आप अपने आप को निराशाजनक स्थिति में इसलिए पाते हैं क्योंकि आमतौर पर आप अतीत में जी रहे होते हैं. ज़िंदगी को आपने रोक रखा है. आप उस समय भविष्य की कीमत देकर अतीत को जी रहे हैं.

लॉरा पाल्मर से मैं सहमत हूं कि, ''अतीत गुजरने पर खेद करने की बजाय उसे सुखद स्मृति बनाकर भविष्य की ओर बढ़ें.'' डेविड मैक्नली ने कहा है, ''आपका अतीत बदल नहीं सकता परंतु आपकी आज की कार्रवाई आपका भविष्य बदल सकती है.'' बीते कल को आज को समाप्त करने का मौका न दें. कहावत है, ''ज्ञानी आगे की सोचता है. और मूर्ख सच्चाई का सामना न करके खुद ही हंसाई मोल लेता है.'' सैचेल पेग का कहना सही है, ''पीछे मुड़कर न देखें. उसमें आप घाटे में रह सकते हैं.''

''अतीत में जीना अत्यंत बेकार और घाटे का सौदा है. पीछे मुड़कर देखने से गर्दन को तकलीफ होती है, और उन लोगों से भिड़ना हो जाता है जो ''आपके हमसफर नहीं है'' (एडना फर्बर). खुशी का पहला नियम है.... अतीत पर सोचना छोड़ दें. अतीत कहीं भाग नहीं जाता. चार्ल्स कीटरिंग इसमें जोड़ते हैं, ''यदि आप अतीत के ही बारे में सोचते रहेंगे तो आपका भविष्य कभी भी बेहतर नहीं हो सकता.'' आपका अतीत आपके भविष्य की बराबरी नहीं कर सकता.

खरा सोना # 34

गलत राह चलने से क्या हासिल

बेवर्ली सिल्स कहते हैं, ''अच्छे स्थान पर पहुंचने के लिए कोई शॉर्टकट नहीं होते. ऊंचाई पर पहुंचने का रास्ता तेज या आसान नहीं होता. अच्छी बातें जल्दी में पूरी नहीं की जा सकती–इसलिए शांति रखिए. धीरज खो देने पर हम अपनी मंज़िल से दूर चले जाते हैं. इसलिए धीरज न खोयें. याद रखें कि उंगलियां जलाकर हाथों में गर्मी नहीं लायी जाती.

आपकी सफलता को तेज गति से कोई काम नहीं होता, बल्कि सफलता सही समय और दिशा से ही हासिल होती है. सफलता की कुंजी है सही समय पर सही काम करना. ट्रायन एडवर्ड ने कहा है, ''हर चीज़ के लिए समय और जगह होती है. इसलिए उसके समय और जगह के अनुसार काम करें. जिससे आपको ज़्यादा लाभ मिलेगा. इतना ही नहीं आपका काम सहजता से होगा. जल्दी मचानेवाले आपसे ज़्यादा परेशान रहेंगे.'' ''भागो – हासिल करो'' वाले लोगों की समस्या यह रहती है. कि वे मौके को उनके पास आने तक इन्तज़ार नहीं करते.

लॉर्ड चेस्टरफोल्ड ने कहा है, ''जो भी जल्दी में रहता है वह यह दिखाता है कि वह चीज़ उसके लिए बहुत मायने रखती है. सही समय न रहने पर भी यदि आप जल्दी मचायेंगे तो आपके हाथ सिर्फ झुंझलाहट ही आएगी. ज़िंदगी से गति के अलावा काफी कुछ लेने जैसा होता है.

ब्रेन्डन फ्रैन्सिस टिप्पणी है ''किसी काम में असफलता शायद इसीलिए मिलती है क्योंकि उसे गलत समय पर किया जाता है.'' समय निकल जाने पर तैयारियां बेकार हो जाती है. फास्ट लेन में ज़िंदगी चलाने में खतरा यह है कि हम जल्द ही अंतिम छोर पर आ जाते हैं. सोरेन किरकेगार्ड मानते हैं ''अधिकांश व्यक्ति खुशी को इतनी तेज रफ़्तार से पकड़ने की कोशिश करते हैं कि जल्दी – जल्दी में वे उससे आगे निकल जाते हैं.'' जल्दी मचाना बेकार है. समय का महत्व जानें. कई लोग सालभर जितना कर सकते हैं, उससे ज़्यादा का आकलन करते हैं. और ज़िंदगीभर में जितने काम कर सकते हैं उसका आकलन अत्यन्त अल्प करते हैं.

बूयेर ने कहा है, उस व्यक्ति के लिए कोई भी राह ज़्यादा लम्बी नहीं होती जो सोद्देश्य आगे बढ़ना चाहता है लेकिन बेकार की जल्दबाजी नहीं करता; उस व्यक्ति

के लिए सम्मान ज़्यादा दूर नहीं होता जो धीरज के साथ उसके लिए खुद को तैयार करता है.'' कई बार सही समय पर उठाये गए कदमों का परिणाम तुरंत दिखायी नहीं देता. लेकिन वह कार्रवाई आपको सही समय और सही जगह ले जाती है.

हमें खुशी होती है जब हम जानते हैं कि हम जो कर रहे हैं और हमें जो करना चाहिए था वह एक ही है. नीति–पुसतक की किताब से मैं सहमत हूं, ''हर बात का एक मौसम होता है, हर उद्देश्य का एक समय होता है.'' जब तक आपको जो करना चाहिए वह आप नहीं करते तब तक आपको जहां होना चाहिए वहां आप नहीं पहुंच सकते.

यदि आप सही दिशा में हैं तो आगे चलते रहिए. फ्रान्सिस बेकन कहते हैं, ''दौड़ के मैदान में पट्टियां सही खिंची रहती हैं लेकिन दौड़नेवाला कभी – कभी गलत राह पकड़ लेता है–जितना वह ज़्यादा तेज रफ़्तार दे भागेगा उतना ही अपनी राह से भटकेगा.'' सही गति तय करें. यदि आप ज़्यादा तेज भागेंगे तो आपके साथ कोई हादसा आपको जकड़ लेगा. शांत और आग्रही बनें, तभी आप गलत जगहों से बच पाएंगे. और वहीं पहुंचेंगे जहां आपको पहुंचना है.

खरा सोना #35

जितना ज्ञान उतनी कम ज़ुबान

हाल ही में मैंने एक बड़ा से शो – पीस देखा जिसके नीचे लिखा था कि, ''यदि मैं अपना मुंह बंद रखता तो आज यहां न होता.'' कितना सच है! मुंह के जंजाल से बचें. हम जो बोलते हैं वह बहुत महत्वपूर्ण होता है. हमें यह याद रखना चहिए कि ''सही शब्दों में कितनी शक्ति होती है.'' मैं आपसे एक सवाल पूछना चाहता हूं कि आप अपनी सबसे बड़ी समस्या के बारे में, अपने सबसे बड़े अवसर के बारे में, आपने जो कहा था उसमें बदलाव करेंगे तो क्या होगा?

हमारी दैनिक प्रार्थना यह होनी चाहिए कि, ''कृपया मेरे मुंह में वही शब्द आयें जो सही और जरूरी हैं. जब जरूरत न हो तो तब मुझे अपना मुंह बंद रखना है.'' इन्सान की जुबान दिमाग से कुछ ही इंच की दूरी पर रहती है. लेकिन कुछ लोगों की बातें सुनकर लगता है कि दोनों एक दूसरे से बहुत दूर हैं. दिमाग तटस्थ रहने पर भी जुबान बड़ी तेज चलती है.

हाई स्कूल के एक ट्रैक – कोच को हमेशा अपनी टीम को प्रेरणा देते समय कठिनाइ होती थी. उनकी टीम हमेशा हर जगह सबसे अंत में पहुंच पाती थी. एक ऐसे ही असफल कार्यक्रम में उसके 'प्रेरणादायी शब्दों' का जादू चल गया. कोच को लगा कि सबसे प्रभावी प्रेरणा देनेवाला साधन है अपनी टीम को बताते रहना कि, ''बायीं ओर मुड़ते रहें और जल्दी वापस आयें'' आपके शब्दों में गोलियां बरसाने की शक्ति होती है और भावनाओं को शांत करने की भी ताकत होती है.

सकारात्मक, प्रेरणादायी, सुंदर शब्द बोलें. पास्कल ने कहा है, ''अच्छे शब्द महंगे नहीं होते. उनसे कभी जुबान पर या होठों पर छाले नहीं आते. उनसे ना ही कभी मानसिक तनाव पैदा होते हैं. हालांकि उनके लिए कोई ज़्यादा पैसा नहीं लगता फिर भी उनसे बहुत कुछ हासिल किया जा सकता है. ऐसे शब्द दूसरों की अच्छाइयां बाहर निकालते हैं. वे अपनी एक छाप इन्सान की आत्मा पर छोड़ते हैं और वह छाप बड़ी सुंदर होती है.'' सर विल्फ्रेड ग्रेनफेल कहते हैं, ''अच्छे शब्दों का चलन शुरू करें. यह कहना मुश्लिक है कि कब, कहां उनसे लाभ मिलना शुरू हो जाये.''

''मैं'' शब्द बड़ा ही निरर्थक शब्द है. उसका इस्तेमाल सोच समझकर करें. इससे आप जो साबित करना चाहते हैं वह सच हो यह जरूरी नहीं है'' (ए. एल. किट सेल्मन) कभी – कभी आपके दुश्मन और सबसे करीबी दोस्त आपके शब्द होते हैं. जो आप खुद से कहते हैं. सच कहा जाता है कि, ''ज़ुबान की शक्ति में जीवन और मृत्यु दोनों बसते हैं.''

हेनरी वॉर्ड बीचर ने कहा है कि, ''परेशानी में फंसे व्यक्ति को सहायता के दो शब्द कहना मानो रेलरोड ट्रैंक पर दिया जलाने जैसा है. ... भंगार और समृद्धि के बीच का वह एक इंच है.'' जोहान लवातर कहते हैं, ''यदि आपको सही मालूम न हो तो किसी व्यक्ति से गलत बात न कहें और यदि सही मालूम हो भी तो पहले खुद से पूछ लें कि क्या मेरे लिए यह कहना जरूरी है.''

आप पर किन शब्दों का ज़्यादा जादू चलता है? जॉर्ज बर्नर्हम ने कहा है, ''मैं यह नहीं कर सकता'' इन शब्दों से कभी कुछ हासिल नहीं होगा. ''मैं कोशिश करूंगा'' ये शब्द जादू कर सकते हैं.

यदि आपके होंठ थोड़ी सी फिसलन टाल सकते हैं.

तो पांच बातें याद रखें;

आप किससे बात करें, किसके बारे में बात करें

और कैसे, कब और कहां?

खरा सोना # 36

कोशिश करनेवालों की कभी हार नहीं होती

''दुनिया आपको हारने का अवसर देती है, लेकिन उसे छोड़ देने को या हार मानने को दुनिया अवसर का नाम देती है (क्लिन्ट ब्राउन). इसलिए सबसे शक्तिशाली कहावत है, *''कभी न मानें हार .''*

लेखक होने के नाते मुझे कई पुस्तकों पर ऑटोग्राफ देने का मौका मिलता है. हर पुस्तक पर मैं अपने नाम के साथ कुछ प्रेरणादायी उक्ति लिखता हूं. उसमें से सबसे ज़्यादा आम है *''कभी न मानें हार.* जोएल बड ने कहा है, ''तब तक कोशिश खत्म नहीं हो सकती जब तक आप उसे खत्म न समझें.'' रिचर्ड निक्स की टिप्पणी है ''व्यक्ति हार जाने पर खत्म नहीं होता. परंतु तब खत्म हो जाता है, जब वह हार मान लेता है.''

कोई भी दूसरा व्यक्ति आपको हरा नहीं सकता जब तक आप उठना नहीं चाहते हैं. एच.ई. जेनसन कहते हैं, ''जो व्यक्ति जीतता है वह कई बार बाजी लगाता है. और वह रेफरी की बातों पर ध्यान नहीं देता. ''आगे चलने के लिए रास्ता ढूंढे, न चलने के बहाने न बनायें.''

आलसी व्यक्ति काम न करने से जाना जाता है. हार मान लेना या आगे बढ़ना व्यक्ति की ज़िन्दगी का सार होता है. आप घड़ी को वापस अतीत में ले नहीं जा सकते लेकिन उसे दोबारा घुमा तो सकते हैं.

कुछ साल पहले मुझे पीटर लोव से मिलने का मौका मिला था. वे 'सफलता' सेमिनार अत्यंत सफलतापूर्वक आयोजित करते थे. बातों – बातों में उन्होंने कहा, ''सफल व्यक्तियों में मैंने एक आम बात पायी है कि वे भी हार नहीं मानते.'' अपने आप को बढ़िया मौका देना तब ज़्यादा जरूरी हो जाता है जब आपको हराने की कोशिश की जाती है.

काफी लोग शुरूआत से ज़्यादा समाप्ति तेज गति से करते हैं. रूकने से अच्छा है इस शक्ति पर चलना कि, ''धक्का देकर गिरा दिये जाने से पहले गिरे नहीं.'' मार्गरेट थैचर ने हार न मानने वाले सिद्धांत को बहुत गहराई से अपनाया था. ये कहती थीं ''किसी लड़ाई को जीतने के लिए उसे एक से ज़्यादा बार लड़ना पड़ता है.'' डेविड जुकर ने

इसमें जोड़ा है, ''अब हार मानेंगे तो कभी नहीं जीतेंगे. अगर हमारी यह सलाह नहीं मानेंगे तो आधे रास्ते में ही रह जायेंगे.''

''मैं नहीं कर सकता.'' मूर्ख कहा करते हैं. क्लेयर बूथ लूस की बात सुनें कि, ''कोई भी परिस्थिति पूर्णतः निराशाजनक नहीं होती. निराशावादी लोग उसे निराशाजनक बनाते हैं.'' एडमिरल चेस्टर निमिट्ज़ ने टिप्पणी की थी, ''हे ईश्वर मुझे इतना धीरज दो कि मैं निराशाजनक स्थिति में भी कभी हार न मानूं. हार मान लेना अंतिम त्रासदी है. प्रसिद्ध बॉक्सर आर्ची मोर का मानना था कि, ''अगर मैं कोशिश करना छोड़ दूं तो हर लड़ाई हार जाऊंगा.''

विकल्प बड़ा आसान है. या तो आप खड़े रहें और गिनती में गिने जायें या लेट जाएं और गिनती से बाहर हो जाएं. जब तक व्यक्ति खुद स्वीकार नहीं करता तब तक किसी की हार नहीं हो सकती. आपकी सफलता आपकी कोशिशों पर निर्भर करती है. ज़िंदा रहने का धीरज मन में रखिए. हार मानना तो बड़ा आसान है.

खरा सोना # 37

ज्ञान की भूख का मतलब प्रगति की राह

क्या आपने कभी यह जानने की कोशिश की है कि कितने लोग आज भी वहीं हैं जहां पांच साल पहले थे. आज भी उनकी अपकी, समस्याएं, क्षमताएं, अवसर सभी वहीं हैं. जो पांच साल पहले थे. उनकी ज़िन्दगी में ठहराव आया है.

होता यों है कि कुछ लोग ज़िन्दगी की घड़ी का स्विच निकाल देते हैं और जहां थे वहीं ठहर – से जाते हैं और वह भी ज़िन्दगीभर के लिए! आपको अधिकार है बढ़ने का, सीखने का और बेहतर बनने का. ज़िन्दगी में अगर कुछ करना बाकी है तो वह है स्वयं को बेहतर बनाना.

मशहूर कहावत है, ''हम किसी बात की कीमत तब समझते हैं जब हम उसे जानते हैं.'' मैं मानता हूं कि मैं इस मामले में थोड़ा सा पागल हूं. मुझे खाली समय से सख्त नफ़रत है, जब मेरे पास करने के लिए कुछ नहीं होता. मेरे परिचित जानते हैं कि खाली समय में मैं हमेशा कुछ–न–कुछ पढ़ना या लिखना पसंद करता हूं

मैं हरेक से सीखना चाहता हूं. शायद किसी से मैं सीख लूंगा कि क्या करना चाहिए तो दूसरे से सीख लूंगा कि क्या नहीं करना चाहिए. दूसरों की गलतियों से सीख लें. क्योंकि सभी गलतियां खुद को करने का मौका नहीं मिलेगा. किसी विद्वान आदमी की गल्ती से आप ज्यादा सीख सकते हैं बजाय कि किसी सही परंतु मूर्ख आदमी से सीख लें.

गॉथ ने कहा है, ''अपनी जगह पर स्थायी रहकर प्रगति करना कठिन है.'' मैं वैन क्रोच से सहमत हूं, ''जब तक दिमाग में बदलाव नहीं आता तब तक कार्रवाई में परिवर्तन नहीं आएगा.'' प्रगति की राह में बढ़ने का आसान तरीका है सवाल पूछते रहना. ज़िन्दगी के महत्वपूर्ण जवाब सही सवालों के ज़रिए आपके पास आएंगे.

जो व्यक्ति सवाल पूछने से डरता है वह सीखने से शरमाता है. ज्ञान की भूख ही प्रगति की राह पर ले जाती है. डब्ल्यू फासेलमन का कहना बिल्कुल सही है, ''आज का पढ़ते रहनेवाला कल का नेता है.''

हमें इस तरह सीखना चाहिए कि जैसे हम हमेशा ज़िन्दा रहेंगे और इस तरह जीना चाहिए जैसे कल ही मरनेवाले हैं. हार्वे उलमन ने कहा है, ''जो भी सीखना छोड़ देता है, वह बूढ़ा है फिर चाहे वह 20 का हो या 80 का! और जो सीखना जारी रखता है वह जवान ही नहीं रहता बल्कि शारीरिक क्षमता से कहीं अधिक कीमती और मूल्यवान बनता जाता है.'' सीखते रहने में एक मजा है. सीखना आपकी ज़िन्दगी में ज़िन्दापन लाता है.

दूसरों से सीखें. दूसरों की चुनौतियों में जान लें कि आपको क्या नहीं करना चाहिए. अनुभव हमारी वर्तमान घरोहर है जो हमें भविष्य में अतीत की गलतियां दोहराने से रोकती है. ज़िन्दगी नई समस्याओं के ज़रिए हमें सीखाती रहती है. सोचें कि शिक्षा महंगी है या मुश्किल है. डेरीक बोका की बात मानें, ''अगर आपको शिक्षा महंगी लगती है तो अज्ञान को स्वीकारें.''

खरा सोना #38

खुद पर विश्वास करें, खुद को सर्वोत्तम मानें

मेरी ज़िन्दगी का काफी समय एयरपोर्ट पर गुजरा है क्योंकि मैं बहुत ज़्यादा यात्रा करता हूं. वहां मैंने कई बार पाया है कि लोग–बाग़ काफी तेज गति से घूमते रहते हैं मानो उन्हें कहीं जाना हो. क्या यह बात अविश्वसनीय नहीं लगती कि कितने सारे लोग खुद के पास क्षमताएं और होशियारी होने के बावजूद कुछ नहीं करते या इधर–उधर भागते रहते हैं? काफी लोग पूरी ज़िन्दगी उस बात को बदलने में गुजार देते हैं जो उनके लिए बनी हैं.

हर व्यक्ति में कुछ खास होता है, शक्तियां होती है, क्षमताएं होती है. कोरिन्थीएन्स की किताब कहती है, ''भगवान हर किसी को किसी न किसी योग्यता से नवाज़ता है.'' मार्क्स ऑरेलियस ने कहा है, ''अपनी सर्वोत्कृष्ट क्षमताओं को जाने और उसके लिए कृतज्ञ रहें. अगर वे आपके पास नहीं होती तो सोचिए कि आप उनके लिए कितना तरस रहे होते?''

रॉबर्ट क्वीलन की टिप्पणी है, ''यदि आप अपनी गुणवत्ता को गिनेंगे तो हमेशा लाभ मिलता पायेंगे.'' अपनी योग्यताओं को इस्तेमाल करने का मौका तलाश करें. ''खुद को परखें. इससे आपमें छुपे गुण आपको नज़र आयेंगे'' (बल्टसर ग्रेशियन). अपनी कमजोरियों के बलबूते पर खुद का मूल्यांकन न करें. माल्क फोब्स से मैं सहमत हूं, ''अधिकांश लोग अपना मूल्यांकन उन बातों में ज़्यादा करते हैं जो बातें उनके पास नहीं हैं और उन गुणों को कम आंकते हैं जो उनके पास हैं'' आप जितना सोचते हैं उससे ज़्यादा अमीर हैं.

नाथानियल एमन्स ने कहा है, ''आमतौर पर लोग कुछ काम के इसलिए नहीं रहते हैं क्योंकि या तो वे अपने व्यवसाय को नज़रअंदाज कर देते हैं और दूसरी कई बातों पर ध्यान देते हैं या उनका पीछा करते रहते हैं'' आपसे सर्वोत्कृष्ट बात तब मिलेगी जब आप अपनी सर्वोत्तम गुणवत्ता को समझेंगे और कार्यान्वित करेंगे. मैं विस्म्पम मैथ्यूज़ से सहमत हूं जब वे कहते हैं, ''अच्छी तरह से परवरिश की हुई कोई बात या गुण जिसे पनपने का अवसर मिल जाये तो वो 100 गुना उन दूसरे गुणों से बेहतर होती है जिनकी जड़ें ज्यादा गहरी नहीं होती.''

अधिकतर लोग अपनी इच्छाओं पर ध्यान देते हैं, कभी अपनी काबिलियतों और क्षमताओं पर नज़र नहीं डालते. आप में अंदर कहीं संगीतकार छिपा है तो संगीत को अपनायें. यदि आप शिक्षक हैं तो सिखाइए. आप जो हैं वहीं रहें. आपको उसमें संतुष्टि मिलेगी. मैं विलयम बोएटीचर से सहमत हूं जब वे कहते हैं, ''जितना ज़्यादा आप अपने लिए करेंगे उतना ही ज़्यादा फिर दूसरों के लिए भी करेंगे और ज़िन्दगी से असीमित खुशियां भी पा सकेंगे.'' जो आपके लिए स्वाभाविक है वहीं करें. अंदर कहीं हम सब वहीं हैं जैसा योरूबा ने कहा है, ''आप सुअर को कीचड़ में लेटने से नहीं रोक सकते.''

ई–ई–कमिंग्ज का कहना है, ''खुद पर यकीन करें, खुद के बने रहें – इस दुनिया में जहां आपको वह बनाने की कोशिश लगातार की जाती है जो आप नहीं है – आपको हरदम लड़ते रहना है और ज़रा भी रूकना नहीं है.'' संक्षेप में बस इतना ही कि ''खुद पर विश्वास करें.''

मैं सिडनी हैरिस से सहमत हूं कि, ''दुनिया के 90% लोग नहीं जानते कि वे खुद क्या हैं, उनकी काबिलियत क्या है, क्षमताएं क्या हैं और उनके कीमती गुण कौन से हैं.'' प्रतिध्वनि से अपेक्षा न रखें. मस्सेर ने कहा है, ''अपवादात्मक रहना कितना सुखद है और कितना दुखदायी भी है'' बिर्ला वॉल्डर ने इसमें जोड़ा है, ''अपने गुणों पर यकीन करें. अपनी गलतियां अपनी ही होंगी. दूसरों की गलतियों से अच्छी ही होंगी क्योंकि वे अपनी होंगी. अब्राहम लिंकन ने बिल्कुल सही कहा है, ''आप जो भी हैं, अच्छे बने रहें.''

खरा सोना # 39

...... की ओर जायें

समाप्ति से पुनर्जीवन की ओर जायें.

असफलता से शिक्षा की ओर जायें.

अतीत के खेद से भविष्य के सपनों की ओर जायें.

पूर्वाग्रह से समझौते की ओर जायें.

सामान्य से असामान्य की ओर जायें.

प्रभावहीनता से प्रभावशीलता की ओर जायें.

घृणा से व्यावहारिक ज्ञान की ओर जायें.

रोते रहने से यश की ओर जायें.

गुनगुने तापमान से 'आग' की ओर जायें.

सुरक्षा से अवसर की ओर जायें.

डर से कार्रवाई की ओर जायें

नकारात्मकता से सकारात्मकता की ओर जायें

खुद के बारे में सोचने से दूसरों के बारे में सोचने की ओर जायें.

शिकायत से प्राप्ति की ओर जायें.

अधोगति से उर्ध्वगति की ओर जायें.

सवाल बनने से जवाब की ओर जायें.

कोशिश से प्रतिबद्धता की ओर जायें.

नकल से वास्तविकता की ओर जायें.

दूसरों की ईर्ष्या करने से दूसरों की सेवा की ओर जायें.

कृतघ्नता से कृतज्ञता की ओर जायें.

दोष ढूंढने से क्षमा करने की ओर जायें.

टिप्पणी करने से सराहना की ओर जायें.

इधर–उधर भटकने से कार्रवाई करने की ओर जायें.

टालने से प्रगति की ओर जायें.

झिझक से अनुपालन की ओर जायें.

समझौते से अलग खड़े रहने की ओर जायें.

भ्रमित होने से केन्द्रित रहने की ओर जायें.

कुछ लेने से कुछ देने की ओर जायें.

इच्छा करने से समझदारी की ओर जायें.

खरा सोना #40

गिरने के बाद एक बार फिर उठना जरूरी है

कभी आप असफल हुए हैं या आपने गलती की है? अच्छी बात है. फिर यह उपदेश आपके लिए कीमती है. आप असफल रहे हैं इसका दूसरा अर्थ यह है कि आप समाप्त नहीं हुए हैं. असफलताएं और गलतियां पुल का काम करती हैं. वे अवरोध नहीं हैं जो सफलता में बाधक बने. सफल लोगों का मानना है कि गलतियों को फीडबैक के रूप में लेना चाहिए. आप कैसे गिरे महत्वपूर्ण नहीं है. उसके बाद आप कितने उछले यह महत्त्वपूर्ण है.

थियोडोर रूज़वेल्ट ने कहा है, ''असफलताओं से मात खाते हुए भी उदात्त बातें कर पाना या जगमगाती विजय हासिल करना उन लोगों से कहीं बेहतर है जो लोग उस टिमटिमाती रोशनी में जीते हैं जहां विजय या पराजय का कोई पता नहीं चलता. इसलिए न उन्हें कोई खुशी होती है और ना ही कोई दु:ख होता है. ज़िन्दगी में सबसे ज़्यादा खतरा मोल लेना तब माना जाता है जब आप जरूरत से ज़्यादा सावधानी बरतते हैं और कभी भी असफलताओं या गलतियों का सामना नहीं करते. असफलता का मतलब नये सिरे से और ज़्यादा बुद्धि लगाकर नये अवसर का लाभ उठाना.

कोई भी सफल व्यक्ति ऐसा नहीं होता जो कभी-न-कभी विनाश के कगार पर न आ खड़ा हुआ हो. आप उनसे कहीं ज़्यादा बेहतर स्थिति में हैं यदि आपने कुछ करने की कोशिश की है और आप असफल हुए हैं और उन लोगों ने कुछ भी नहीं किया इसलिए सफल रहे हैं. जो व्यक्ति कभी गलती नहीं करता उसने निश्चित रूप से कुछ करने की कोशिश ही नहीं की है. यदि आप गलती नहीं करते हैं, मतलब आप कोई जोखिम नहीं उठा रहे हैं.

वर्नोन सैन्डर्स कहते हैं, ''अनुभव कठोर शिक्षक है क्योंकि वह पहले परीक्षा लेता है और बाद में शिक्षा देता है.'' अनुभव वह चीज़ है जो आपको तब मिलती है जब आप और किसी चीज़ की उम्मीद लगाये बैठते हैं.

सफलता वही है कि गिरने के बाद एक बार आप फिर से खड़े हो जायें. इसलिए खड़े होकर आगे बढ़िये. कहावत है, ''जो व्यक्ति अपनी गलतियों को स्वीकार नहीं

करता वह कभी सफल नहीं होता. लेकिन अगर वह उन्हें स्वीकारता है और सुधारने की कोशिश करना चाहता है तो उसे एक अवसर जरूर मिलता है.''

आपके सपने की मौत असफलता के कारण नहीं होती. वह होती है आपकी निष्क्रियता से, कुछ न करने से! असफलता के बाद बेहतर होता है पाठ पढ़ना और बाकी सब भूलकर आगे बढ़ना. यदि आप ऐसा नहीं करेंगे तो आपकी स्थिति उस कुत्ते जैसी हो जाएगी जो पहले गरम पानी से डरता है और बाद में ठंडे पानी से भी डरने लगता है.

असफलता या तो बोझ बनती है या पंख बनती है. वापसी का एकमात्र नियम है आगे बढ़ना. यदि सच को देखें 99% सफलता पुरानी असफलता पर पायी जाती है. गलती तब होती है जब कोई व्यक्ति कुछ करने की बात पर देर तक सोचता ही रहता है. आप उस टी–बैग की तरह हैं जब तक आपके पास गरम पानी न हो उस टी–बैग की कोई कीमत नहीं होती.

पुरानी कविता को याद करें –

सफलता पराजय की अंदरूनी तह है,
आशंका के बादलों की रूपहली कगार.

न आपको कभी पता चले कि आप कहां है,
कभी लगे वह दूर पर हो वह बिल्कुल पास

लड़ाई के मैदान में न हारे कोई
जब लगता रहे कि कुछ भी नहीं होगा
तब भी उसे न छोड़ना मेरे भाई.

(अन्जान कवि)

खरा सोना #41

तत्काल मिली सफलता के पीछे लगते दस साल

अगर आप जानते हैं कि कोई काम आपको करना ही चाहिए तो उसको कभी छोड़िए मत. हार मान लेने के रास्ते पर ही असफलता डेरा डाले बैठी है. सफल व्यक्ति ने वहां तक पहुंचने के लिए रात-दिन एक किए हैं.

उस व्यक्ति की बात पर ध्यान दीजिए जब उसने कहा है कि, ''मेरी एक रात में मिली सफलता के पीछे बड़ी लम्बी रात गुजरी है.'' विजेता वही करते हैं जो पराजित व्यक्ति नहीं करना चाहते.

अर्ल नाइटिंगेल ने कहा है, ''एक जवान व्यक्ति ने महान और प्रसिद्ध बूढ़े आदमी से पूछा, ''मैं इस दुनिया में अपने लिए नाम कैसे कमाऊं और कैसे सफल बनूं?'' उस व्यक्ति ने जवाब दिया, 'आपको पहले यह तय करना है कि आपको क्या चाहिए और उसके साथ आपको लगे रहना है. अपने लक्ष्य से ध्यान हटने न दें, चाहे जितना भी समय लगे, रास्ता खराब हो. जब तक ध्येय प्राप्ति न हो तब तक लगे रहें.''' सफलता तब मिलती है जब लोग उसमें हार मान लेते हैं, लेकिन आप उसमें जुटे रहते हैं.

एक पुरानी कहावत कहती है, ''पानी और पत्थर की लड़ाई में हमेशा बहाव की जीत होती है क्योंकि उस पानी के बहाव में ताकत नहीं होती पर लगातार कोशिश रहती है.'' क्रिस्टोफर मोर्ले ने कहा है ''छोटे-छोटे काम ही बड़ा काम करवाते हैं.'' लगातार कोशिश आपके सपनों के पैदा होने से लेकर उनके पूरा होने तक की दूरी का सफर है.

हममें ताकतवर *इच्छाएं* होनी चाहिए. कुछ *न करने* की इच्छा शक्तिशाली नहीं होनी चाहिए. दुनिया की बड़ी-बड़ी असफलताएं यह नहीं जानती कि हार मान लेने के समय वे सफलता के कितने पास थी. अंतिम पड़ाव पर कोशिश छोड़ देने से कुछ भी हासिल नहीं होता.

जब तक आप कोशिश कर रहे हैं. तब तक यह स्पष्ट है कि आप हारे नहीं हैं. माइक मॅर्डोक ने कहा है, ''जिसमें आपने लगातार कोशिश नहीं की है उसे पाने का अधिकार

आपको नहीं है. इच्छा कोशिश में छुपी रहती है.'' ज़िन्दगी में अगर कठोर प्रतिबद्धता न हो तो वह बेकार हैं. हालांकि ज़िन्दगी आपसे छीनी नहीं जा सकती. लेकिन आप अपनी इच्छा से उसे खो देते हैं.

एकनिष्ठा बड़ी कठिन है लेकिन वह अत्यंत आवश्यक है. क्योंकि कोशिश में लगे रहने से हार मान लेने का समय ही नहीं रहता. सफलता का राज है शुरू से आरंभ करना और रोज नयी शुरूआत करना. हम सफलता वहां पर आंकते हैं जहां सफल आदमी खड़ा है. पर उसे आरंभ से आंकना चाहिए. लोग हारते नहीं हैं, वे बहुत आसानी से कोशिश करना छोड़ देते हैं.

खरा सोना #42

मूल के बिना सूद कहां से मिले?

क्या आपको पता है यह पृष्ठ किसके लिए है? इस पृष्ठ के बलबूते पर आप कहीं भी जा सकते हैं. यह आपके भविष्य की पृष्ठभूमि है. यहां से की गयी शुरूआत आपको ऊपर की ओर ले जायेगी.

''इली वाइट्ने कॉटन जीन देखकर हंस पड़े थे. एडिसन को इलेक्ट्रिक लाइट मुफ्त में एक दफ्तर की बिल्डिंग में लगवानी पड़ी थी ताकि कोई उसे देख न ले. बोस्टन की जनता ने सिलाई की मशीन के टुकड़े-टुकड़े कर दिए थे. लोगों ने रेल की कल्पना को एक वाहियात कल्पना करार दिया था. 30 मील प्रति घंटा की रफ्तार में इन्सान का खून जम जाता है, ऐसा लोग मानते थे. मोर्स को दस कांग्रेसी नेताओं के सामने गिड़गिड़ाना पड़ा था कि वे एक नज़र टेलीग्राफ मशीन पर डालें'' (अज्ञात). फिर भी इन सभी लोगों के लिए आसमान छूना ज़िन्दगी का उद्देश्य नहीं था. ''जो अकेले रहते हैं उनसे डरना चाहिए क्योंकि वे हर बात को जांच-परख कर अपनाते हैं. अगर उन व्यक्तियों को दुनिया चलाने के लिए कहा जाये तो कहते हैं कि, ''यह नहीं हो सकता तो दुनिया घूमना ही बंद हो जाएगी'' (सैम्यूअल ग्लोवर).

हमारी कोशिश के अनुपात में हम सफल होते हैं. लोगों को विश्वास करने की बजाय किसी बात में यकीन न करना अच्छा लगता है. आप कभी भी किसी सवाल के जवाब से उतनी दूरी पर नहीं रहते जितनी दूरी आपको शुरूआत में लगती है. बिना श्रद्धा के भविष्य में झांकना न कभी सुरक्षित होता है और न ही सही होता है.

हममें से हर एक में सफलता प्राप्त करने की क्षमता और अवसर होते हैं. प्रभावी ज़िन्दगी गुजारने में उतनी ही कोशिश करनी होती है जितनी बेकार ज़िन्दगी गुजारने में करनी पड़ती है. जो सही है उसे न करने में ज़्यादा व्यय होता है और करने में कम. फिर भी लाखों लोग उद्देश्यहीन ज़िन्दगी अपने ही बने कटघरे में गुजार देते हैं – क्योंकि उनके पास ज़िन्दगी गुजारने का कोई मकसद नहीं होता.

''कई लोग गलत निर्णय का दोष भाग्य के माथे पर मढ़ देते हैं'' (कीन हब्बर्ड). ''जहां कोई लक्ष्य नहीं होता वहां लोग समाप्त हो जाते हैं,'' एक पुरानी कहावत कहती

है. चीज़ों के न होने से आप दुःखी नहीं हो जाते बल्कि लक्ष्य न होने से दुःख मिलता है.''

अपने भाग्य के बारे में जागरूक व्यक्ति का भविष्य आप बता सकते हैं. ज़िन्दगी का सबसे भारी बोझ होता है कुछ भी बोझ न उठाना. किसी व्यक्ति का प्रभाव उसकी ज़िन्दगी के मकसद पर और उसके लिए कीमत अदा करने की उसकी इच्छा पर निर्भर करता है. आपका दिल जिस पर आता है वही आपकी ज़िन्दगी की दिशा तय करता है.

अपनी ज़िन्दगी के सपनों को और आशाओं को नज़रअंदाज न करें. उन्हें पालें. वे आपके बच्चों की तरह ही हैं ''किसी भी बात के लिए चाहत न रखने से बेहतर है किसी चीज़ के लिए मर मिटें.'' कहते हैं डॉ. बॉब जोन्स सीनियर. जिसके पास मूलधन या पूंजी नहीं है वह कभी सूद नहीं पा सकता.

काफी लोग सर्वोत्कृष्ट बात की आशा नहीं खते. वो सिर्फ बदतर स्थिति से बचना चाहते हैं. अधिकतर लोग अवसर की दस्तक सुनते हैं लेकिन जब तक वे चेन को खोलें, कुंडी सरकाएं, ताले को घुमाएं और चेतावनी के अलार्म को बंद करें–अवसर आगे निकल जाता है. काफी लोगों की ज़िन्दगी अगल–बगल में देखने में, नीचे या पीछे देखने में निकल जाती है. इससे अच्छा है ऊपर देखें, आशाओं का ढक्कन खोलें, क्योंकि आसमान ही हमारी सीमा नहीं है.

खरा सोना # 43

जो होता है उसे स्वीकारने से अच्छा है, जो चाहिए उसका पीछा करें

आक्रामक बनें और अवसरों का पीछा करें. वे आपको ढूंढते हुए नहीं आएंगे आपको उन्हें ढूंढना होगा. ज़्यादातर लोग ज़िन्दगी में आगे नहीं बढ़ पाते क्योंकि वे अवसरों को झपट नहीं लेते बल्कि परिस्थिति से समझौता कर लेते हैं. समझौते की कब्र में अवसर दफनाएं जाते हैं. अवसर दरवाजे पर दस्तक दे रहा हो तो पिछवाड़े जाकर समय बर्बाद न करें.

मौकापरस्तों के पास समय और अवसर दोनों रहते हैं. क्या आप अवसरों का इन्तज़ार कर रहे हैं. या अवसर आपकी राह देख रहे हैं. मैं समझता हूं कि आपको पहल करनी चाहिए, और अपनी ज़िन्दगी खुद बनानी चाहिए. विटायम मेनिन्जर ने कहा है, ''ज़िन्दगी में मिलनेवाली संतुष्टि मुख्यत: आपकी अपनी उपलब्धि, स्वनिर्भरता और साधनों की उपलब्धता पर निर्भर करती है जो ज़िन्दगी से सब कुछ पाने की उम्मीद लगाएं रहते हैं उन्हें हमेशा असंतुष्टि का सामना करना पड़ता है.''

अल्बर्ट हबर्ट की टिप्पणी है कि, ''जिन्हें दूध पीने की चाह है उन्हें खेत के बीच कुर्सी डालकर इस आशा में नहीं बैठना चाहिए कि गाय आकर उन्हें दूध देगी.'' अवसरों का दरवाजा तब तक नहीं खुलता जब तक आप उसे धक्का न दें. महानता का रास्ता ऊबड़-खाबड़ और चढ़ान भरा होता है. हमेशा सुरक्षात्मक बर्ताव रखनेवाले कभी विजय प्राप्त नहीं कर सकते. सारा टीस्डेल के अनुसार, ''जो मेरे पास है वह सब मेरा है, जो चला गया वह मेरा था ही नहीं.''

हेलन केलेर ने कहा है, ''कभी सिर न झुकाएं. उसे सीधा रखें. दुनिया की आंखों में आंखें डालकर बात करें.'' अगर सफलता चाहिए तो आपको अवसरों के पीछे जाना होगा. मैं जोनाथन विन्टर्स से सहमत हूं, ''मैं सफलता का इन्तज़ार नहीं कर सकता–इसलिए मैं उसके बिना ही आगे निकल गया.'' लिलियन हेलमैन ने कहा है ''आत्मविश्वास के साथ काम करना सबसे अच्छा तरीका है, फिर चाहे वह थोड़ी सी सही बात के लिए क्यों न हो.''

जॉर्ज एडम्स ने कहा है, ''इस ज़िन्दगी में हमें केवल वहीं चीज़ें मिलती है जिन्हें हम ढूंढते हैं, झगड़ते हैं और उसके लिए कुछ भी छोड़ने को तैयार रहते हैं.'' अवसरों और समस्याओं का सिर्फ सामना न करें, उन पर आक्रमण करें. बी.सी. फोर्ब्स ने कहा है, ''कमजोर व्यक्ति अवसरों के इन्तज़ार में बैठे रहते हैं जबकि सशक्त व्यक्ति अवसरों को झपट लेते हैं.''

''एक सुलझा हुआ इन्सान पास आए अवसरों को बढ़ाता रहेगा.'' यह फ्रान्सिस बेकन की मान्यता है. निधि का पुनर्वितरण करने से अच्छा है अवसरों का पुनर्वितरण किया जा सके. क्या आपने देखा है कि महान लोगों के पास अवसरों की कमी नहीं होती? जब सफल लोगों से मुलाकातें होती हैं तो वे हमेशा भविष्य की बड़ी योजनाओं की बातें करते हैं. उन्हें सुनकर अधिकतर लोगों को लगता है कि, ''यदि मैं उनकी जगह होता तो मैं उस स्थिति में कुछ भी नहीं करता.'' सफलता पाने के बाद उनकी सपने देखने की इच्छा खत्म नहीं होती.

क्षमता से कहीं ज़्यादा अवसर उपलब्ध रहते हैं. ज़िन्दगी सुनहरे अवसरों से भरी पड़ी है. हर व्यक्ति कुछ न कुछ करने के काबिल है. जो आप कर सकते हैं उससे शुरूआत करें. आपसे नहीं बनता हो तब भी रूके नहीं. छोटे–छोटे मौकों का लाभ लेने के बाद बड़े मौके भी सामने आयेंगे. बहुत से लोगों का शायद मानना यह होता है कि अवसर का मतलब है कुछ किये बिना पैसा प्राप्त करना. सबसे अच्छे उपहार हैं अवसर. चीज़ें नहीं अवसर, इनका लाभ उठायें.

खरा सोना # 44

.... रखें

जरूरत के अनुसार शांति रखें.

भविष्य को आशादायी बनाने के लिए आशा रखें.

बाधाओं से लड़ने की और उन्हें दूर करने की शक्ति रखें.

अल्प समय में हार न मानने की प्रतिबद्धता रखें.

ज़िन्दगी के हर पहलू का मज़ा उठाने के जितना आनंद रखें.

श्रद्धा को काम करने देने तक का धीरज मन में रखें.

जो प्रेम के काबिल नहीं हैं लेकिन उन्हें उसकी सख्त जरूरत है उन्हें देने जितना प्यार अपने पास रखें.

कई अच्छी कल्पनाओं को 'ना' कह सकने जितनी केन्द्रितता मन में रखें.

किसी भी दिन की समाप्ति पर किसी से द्वेष न करने के लिए क्षमाभावना रखें.

इतनी ईमानदारी रखें कि जो आपने कहा है उसे कभी आपको याद न करना पड़े.

अंधेरे में किये जाने वाले काम उजाले में कर सकने जितना चरित्र रखें.

छोटी बातों के लिए 'धन्यवाद' कहने की कृतज्ञता रखें.

किसी बात के लिए *'कैसे'* जानने से ज़्यादा *'क्यों'* का जवाब पाने का उद्देश्य रखें.

अपने सामने रखी पूरी दौड़ में दौड़ने के लिए जरूरी लगातार कोशिश का मन अपने पास रखें.

अपनी नज़र में एक भरोसेलायक आदमी बनने की जिम्मेदारी रखें.

दूसरों के साथ बांटने की दयालु प्रवृत्ति रखें.

क्षमा करना और भूल जाना जैसा दयाभाव रखें.

रोज सही बातें करने के लिए समर्पण भाव रखें.

सही बात के लिए किसी भी विरोध से लड़ने की या सामना करने की हिम्मत रखें.

हर दिन अवसरों के आने की अपेक्षा रखें.

सही बात बिना सोचे–समझे करने के लिए आज्ञाकारी बनें.

कब और कहां जाना है यह जानने की दिशा अपने ज्ञान में रखें.

अपने दिमाग को निरंतर शिक्षित रखने के लिए ज्ञान प्राप्त करते रहें

लोगों को आपके साथ काम करने का बहाना ढूंढना पड़े इतनी अपनी साख रखें.

मांगने से पहले देने की उदारता रखें.

दूसरों की जरूरतों को समझने की सहृदयता रखें.

दूसरों के लिए प्रतिबद्धता की वफादारी रखें.

खरा सोना #45

भविष्य के सपने देखें और सच होने से पहले उन पर काम करें

कल्पना से परिपूर्ण मनुष्य कभी अकेला नहीं होता और ना ही वह समाप्त होता है. आप सृजनात्मकता के लिए बनाये गए थे. आपकी आंखें अवसरों को तलाशने के लिए बनायी गयी हैं, कान प्रेरणाएं सुनने के लिए, दिमाग चुनौती स्वीकारने के लिए और मन सर्वोत्कृष्ट राह चुनने के लिए बनाया गया है.

अपनी सृजनात्मकता से रोज़ कुछ–न–कुछ मांगे. हर बात किसी के दिन में देखे सपने से ही शुरू होती है. सफल लोग सबसे ज़्यादा सपने देखते हैं. आपकी कल्पना का जादू यह है कि वह खुद आग लगा सकती है. क्षमता ज्वाला है तो सृजनात्मकता अग्नि है.

मूल कल्पना हमेशा ताज़ा दृश्य देख सकती है. आपकी कल्पना, दिन हो या रात हो, चाहे जो स्थिति हो वह उड़ान भर सकती है. उसे उड़ने दें.

दूरदर्शी व्यक्ति वह होता है जो लक्ष्य को देखता है और उस पर आक्रमण करता है. दूसरे उस लक्ष्य को देख भी नहीं पाते. ''हमें यह बताया जाता है कि पुल के पास जाने से पहले उसे लांघने की कोशिश नहीं करनी चाहिए, लेकिन इस दुनिया में ऐसे लोग हैं जो अपनी कल्पना में पुल लांघकर जनता से आगे निकल जाते हैं'' (स्पीकर्स लायब्रेरी).

कई बार कल्पना के कारण हम कार्रवाई करते हैं या नहीं करते हैं. व्यक्ति के सपने उसके महान होने की संभाव्यता को दर्शाते हैं.

दादी ने बिली को घर के चक्कर लगाते देखा जब वह खुद को तमाचे मार रहा था. दादी ने कारण पूछा तो बिली ने कहा, ''मैं चलने से थक गया था. इसलिए सोचा कि अब कुछ देर घुड़सवारी करूं. ''एक दिन मायकेलएन्जेलो ने संगमरमर का बड़ा पत्थर देखा जो उसके मालिक के लिए किसी कीमत का नहीं था. मायकेलएन्जेलो

ने कहा, ''मेरे लिए यह कीमती है. क्योंकि इसमें फरिश्ता कैद है और मुझे उसे आज़ाद करना है.''

दूसरे लोग आपसे ज़्यादा स्मार्ट, ज़्यादा शिक्षित या ज़्यादा अनुभवी हो सकते हैं लेकिन किसी के पास अनूठे सपने, इच्छाएं या महत्वाकांक्षाएं नहीं होंगी. अवसरों के हजारों वृक्ष एक छोटे से बीज से ही तो निकलते हैं.

''जिस व्यक्ति के पास कोई दूरदृष्टि या विजन नहीं है वह कभी ऊंची आशाएं या ऊंचे अनुभव नहीं रख सकता.'' वुडरो विल्सन. कल्पनाएं होने से इन्सान की ज़िंदगी अपेक्षा से भी कम स्तर पर उतर आती है.

सपना एक बहुत सुंदर चीज़ है. आपके मन की आंखें जो देखती है वह दिमाग नहीं सोचता. आपके पास खाली बोतल रहती है जिसे भरना होता है. आप एक मोमबत्ती हैं जिसे जलाना होता है. अपनी कल्पनाओं की रोशनी जलायें. सपने देखें. सृजनात्मक बनें.

खरा सोना # 46

दान से ऊंचा पुण्य कोई नहीं

जो हम अपने लिए करते हैं वह हमारे साथ चला जाता है लेकिन जो हम दूसरों के लिए करते हैं वह अमर हो जाता है. स्वार्थी व्यक्ति से ज़्यादा कोई और धोखा नहीं खाता. ''कभी किसी व्यक्ति को खुद के लिए किये गये कामों के लिए पुरस्कार नहीं मिला. बल्कि जो वह दूसरों के लिए करता है उसका सम्मान होते हैं.'' —काल्विन कोलिज. दूसरों की सफलता में निवेश करें. जब आप दूसरे की सहायता उसकी यश प्राप्ति में करेंगे तो आप भी उसी मंज़िल के करीब होंगे.

कहावत है कि, ''दान करने से व्यक्ति अमीर बनता है'' यह भी संभव है कि आप सब कुछ मुट्ठी में दबाकर रखें और सब कुछ खो दें. बिल्कुल सही बात है. उदार व्यक्ति अमीर होता है! दूसरों की मदद करके वह खुद की भी मदद करता है.'' ''जो मैंने दिया वह मेरे पास है. जो मैंने खर्च किया मेरे पास था. जो मेरे पास मैंने रख दिया, वह खो गया'' (पुरानी कहावत). आप और हम दूसरों की सहायता के लिए बने हैं.

यदि आप लोगों से वे जैसे हैं वैसे ही उनसे बर्ताव करेंगे तो वे वैसे ही रहेंगे. लेकिन अगर आप उन्हें वैसी नज़र से देखेंगे जैसे उन्हें होना चाहिए तो वे वैसे ही बन जायेंगे. त्याग को अपनाने में काफी निवेश होता है.

जब तक आप दे सकते हैं तब तक देते रहें. देते रहने से आप अपने लिए बढ़ने का अवसर पैदा करते हैं. इसलिए जब तक अच्छा लगे देते जाइए. दुःख होने तक देते रहने की जरूरत नहीं है. यह वचन गांठ बांध लें कि आपसे मिलने के बाद दूसरे और ज्यादा अच्छी स्थिति में आ जाने चाहिए.

यदि आप दूसरों में सुधार लाना चाहते हैं तो उन्हें उनके बारे में आपकी अच्छी राय सुना दें. जिस तरह से आप लोगों को देखेंगे उसी तरह लोग आपके साथ व्यवहार करेंगे. हरेक में अच्छाई देखें. उनकी योग्यता लाएं और क्षमताएं बाहर निकालने की

कोशिश करें. लोगों का नेतृत्व करें, उन्हें बतायें कि आप उनके पीछे खड़े हैं. सभी नेताओं का यह कर्तव्य है कि वे यह सुनिश्चित करें कि कोई गलत काम करने का साहस न करें और सही काम आसानी से हो सकें.

ज़िंदगी में सबसे महत्वपूर्ण यह है कि आपने दूसरों के लिए क्या किया है. अधिकतर लोग प्रशंसा के पांच शब्द सुनने पर और शाबाशी मिलने पर दो महीनों तक मुस्कुराते रहते हैं. खुद को प्रोत्साहन देने के लिए दूसरे को पहले प्रोत्साहित करें.'' जेम्स मैथ्यू बरी का मानना है, ''जो लोग दूसरों को सूरज का प्रकाश दिलाते हैं वे खुद भी अपने लिए रोशनी लाते हैं.''

खरा सोना # 47

दूसरों से तुलना करने से आप आगे नहीं बढ़ पायेंगे

जिसे खोल सकते हैं उसे काटने की कोशिश न करें'' (जोजफ जोबर्ट). जब आप गलत होते हैं तब उसे भूल जाना बेहतर होता है. मन में खेद न रखें. जब आप उस दु:ख और निराशा के तले दबे रहेंगे तब तक जिसने आपको दु:ख दिया वह आपसे आगे निकल जायेगा.

दुश्मन को क्षमा करें. इससे उन्हें तकलीफ होगी. क्षमा करने से बेहतर कोई और बदला नहीं हो सकता. जिन्होंने आपकी मदद की है उनसे आप अच्छा रिश्ता रख सकते हैं.

''क्षमा उस नोट की तरह होनी चाहिए जिसके दो टुकड़े हों और उसे जला दिया जाये. ताकि उसका दोबारा उल्लेख भी न किया जाये'' (हेनरी वर्ड बोचर). आपकी सबसे बड़ी ताकत यह हो सकती है कि आप बदले की भावना को भुला दें और जख्म को भी भूल जाएं.

''जो क्षमा नहीं करता है वह उस पुल को तोड़ देता. है जिसकी कभी खुद उसको भी जरूरत पड़ सकती है.'' ऐसा कहते हैं लैरी बेलत. अपनी उन्नति की संभावना को सीमित करने का निश्चित फॉर्म्यूला है क्षमा न करना. द्वेष, क्रूरता और बदला ऐसी चीज़ें हैं जिनका इस्तेमाल आप नहीं कर सकते.

जब योग्यता नहीं होती तभी लोग ज्यादा प्रेम की उम्मीद रखते हैं. क्षमा से जख्म भरते हैं और क्षमा न करने से वे ज़्यादा बहने लगते हैं. जब हम अपने दु:ख की बात सोचते हैं. परेशानी बढ़ जाती है, जब हम क्षमा करते हैं तब परेशानी चली जाती है.

जब आप क्षमा नहीं करते तब आप उसका अपने भाग्य पर होनेवाला प्रभाव नज़रअंदाज कर देते हैं. ''द्वेष आत्महत्या का विस्तारित रूप है'' (डग्लस वी. स्टीअर) क्षमा न करने के परिणाम उस दुर्गति से भी ज़्यादा गहरे हो सकते हैं. इसका सार लिखते हुए नॉरमन कांज़िन ने कहा है, ''ज़िन्दगी क्षमा करने के साहस से भरी हुई है.''

यह सच है कि जो क्षमा करता है वह झगड़े को समाप्त करता है. साथियों की पीठ को थपथपाने से उसके कंधे का थोड़ा सा बोझ हल्का हो जाता है. दुश्मनों को क्षमा करें. वैसे भी आप उनकी ओर दोबारा तो मुड़नेवाले नहीं हैं. क्षमा करने में गुस्से की कीमत बच जाती है, द्वेष और ऊर्जा का व्यय बच जाता है. महानता के दो पहलू हैं.—दान और क्षमा.

अगर आप खुद को दयनीय स्थिति में देखना चाहते हैं तो किसी पर द्वेष करें. क्षमा ना करने से जितनी हानि उस व्यक्ति की होती है जिसमें द्वेष पल रहा है, उतनी हानि उस इन्सान की नहीं होती जिस पर द्वेष बरसना चाहिए. ''हर व्यक्ति के पास एक खास कब्र होनी चाहिए जिसमें वह अपने दोस्तों और प्रियजनों के दोष डाल सके. क्षमा करना कैदी को छोड़ देने जैसा है. और तब समझ में आता है कि कैदी खुद आप ही थे'' (अन्जान स्रोत).

खरा सोना #48

सफलता की राह हमेशा कच्ची होती है

स्व. एस्ट्रोनोट जेम्स आयर्विन ने कहा था, ''आपको लगता होगा कि चांद पर उतरना एक सबसे बड़ी वैज्ञानिक परियोजना थी. लेकिन वास्तव में उन्होंने हमें चांद पर 'फेंक' दिया था. हर दस मिनट बाद हमें अपने कोर्स में बदलाव करना पड़ता था और हम अपने लक्ष्य के निर्धारित क्षेत्र के 500 मील इलाके में सिर्फ 50 फीट के अंदर उतर पाये थे.'' उस मिशन में हर बदलाव चाहे कितना छोटा क्यों न हो, सफलता में काफी मायने रखता था.

''जब आप हवा का रूख नहीं बदल सकते तब अपने जहाज की दिशा को बदल दें'' (मैक्स डी प्री). हम जैसे है वैसे ही रहेंगे तो कभी भी हम जो चाहते हैं वैसा बन नहीं पायेंगे. लोगों को बदलाव अच्छा नहीं लगता, लेकिन उसी से उन्नति होती है. बदलाव के सिवा और कोई चीज़ स्थायी नहीं होती.

हर कोई दुनिया को बदलना चाहता है लेकिन खुद को बदलने के बारे में नहीं सोचता. ''जो नियमों का पालन नहीं करता गरीबी और शर्मिन्दगी उसके साथ चलेंगी, मगर जो पालन करता है वह सम्मान का जीवन जिऐगा'' (कहावत).

वर्तमान की अस्वीकृति आपका भविष्य बनाती है. झुकना सीखें. वर्ना कटकर समाप्त होने का खतरा रहता है. अड़ियल होकर उखड़ने से बेहतर है कट–छंट कर मजबूती पाना. बुरी आदतें बड़ी मुश्किल से छूटती हैं. ''खुद को बदलने के लिए खुद को ही कोशिश करनी पड़ती है'' (अबाइगल वैन बुरेन).

समझदार लोग कभी–कभी अपना मत परिवर्तन कर लेते हैं लेकिन मूर्ख कभी नहीं करते. अपनी योजनाओं में परिवर्तन के लिए रास्ते खुले रखें. आवश्यकतानुसार परिवर्तन करना ताकत की निशानी है.

जितनी ज़्यादा गलतियां इन्सान करता है उतना ही वह सही होता जाता है और खुद को सुधारता जाता है. अपने दोषों और गलतियों को सही बताना यह जताना है कि आप उन्हें छोड़ना नहीं चाहते. हठी व्यक्ति के मत उस पर हुक्म चलाते हैं.

जहां हम नया निर्माण नहीं कर सकते वहां हम सुधार तो कर ही सकते हैं. कभी–कभी 'सनसनाती नयी कल्पना'' पुरानी भी हो सकती है जो नए रूप में आपके सामने आए. अगर आपको नयी कल्पनाओं की खुजली हो रही है तो खुजाते रहें. बदलाव से डरें नहीं.

सबको उन्नति चाहिए, परंतु बदलाव कोई नहीं चाहता. उसका सामना करें. निरंतर बदलाव अब स्थायीभाव बननेवाला है. अधिकतर लोग इसलिए बदलाव के लिए तैयार हो जाते हैं क्योंकि उन्हें उसकी रोशनी दिखायी नहीं देती लेकिन उसकी जलन महसूस होने लगती है.

उन्नति और प्रगति के लिए महान कल्पनाओं में भी परिवर्तन, स्वीकार्यभाव और संशोधन की जरूरत होती है. हेनरी फोर्ड अपनी पहली मोटर कार में रिवर्स गियर डालना भूल गये थे (क्योंकि आगे बढ़ने के बाद पीछे लौटना संभव नहीं है). बहुत कम लोग उनकी दूरदर्शिता को जानते हैं. उन्होनें परिवर्तन को स्वीकारा, कुछ लोग उनकी सफलता को नहीं जानते. सफलता और वृद्धि दोनों के लिए बदलाव जरूरी है. अगर आप परिवर्तन को रोकेंगे तो कभी नहीं आगे बढ़ेंगे.

खरा सोना #49

नकारात्मक रवैय्या कुछ और देख ही नहीं पाता

अगले चौबीस घंटों में किसी के लिए भी कुछ भी बुरा न बोलें और महसूस करें कि कैसा लगता है. ''सही शब्द और लगभग सही शब्द में काफी अंतर होता है'' मार्क ट्वेन.

आपके शब्द कहते हैं कि आप भविष्य के बारे में क्या सोचते हैं. एक नेता कहता है, ''आओ, हम रास्ता बनायें.'' पराजित व्यक्ति कहता है, ''आगे रास्ता ही नहीं है.'' नेता कहेगा, ''इस काम को करने का बेहतर ढंग भी तो होगा.'' पराजित कहता है, ''यह का हमेशा इसी तरह किया जाता रहा है.'' ''यदि'' की जगह ''अगली बार'' कहकर देखिए. यह मत पूछिए कि, ''अगर यह नहीं चला तो क्या होगा.'' पूछिए कि, ''अगर यह चल गया तो क्या होगा.''

अज्ञान हमेशा बात करने के लिए बैचेन रहता है. जब आपको कुछ कहने का मन हो तभी जुबान को बंद रखना सबसे बेहतर होता है. जो आपने नहीं कहा, उससे होने वाले जख्म से आप बच जाते हैं. कभी भी दूसरों को उनके दिखावे से कम नहीं आंकें. कुछ लोग अनुभव के बाद बातें करते हैं और कुछ अनुभव के बाद भी बात नहीं करते हैं.

हमें प्रकृति से सीख लेनी चाहिए–हमारे कान बंद नहीं किये जा सकते, पर मुंह बंद होता है! जब विवाद खड़ा होता है तब समझदार चुप रहकर उसे शांत कराता है. चुप रहना बड़ा शक्तिशाली औजार है. और उस पर बहस भी नहीं की जा सकती. कभी–कभी अपनी बात सुनाने के लिए आपको चुप भी रहना पड़ता है.

नकारात्मक रवैय्या कुछ और देख ही नहीं पाता है. अपनी ज़िन्दगी को आश्चर्य मानकर जियें, उसे स्पष्टीकरण न समझें. बच्चे मूलत: आशावादी होते हैं, लेकिन दुनिया उन्हें धीरे–धीरे इस सकारात्मकता से बाहर लाने का काम करती है. सच्चाई यह है कि जितनी ज़्यादा शिकायत आप करेंगे उतनी सफलता कम पायेंगे. शिकायतभरी ज़िन्दगी से बदतर कोई बात नहीं. यह तो ज़िन्दा मौत मरने जैसा है.

कुछ लोग हमेशा हर स्थिति में बुरा ही देखते हैं. क्या आप ऐसे कुछ लोगों को जानते हैं? इस तरह के कितने यशस्वी शिकायतकर्ताओं को आप जानते हैं? ''छोटे लोग

छोटे दिमाग लेकर छोटी–छोटी कल्पनाओं से अपनी ज़िन्दगी को अत्यंत छोटी कब्र में डाल देते हैं. वे ना किसी परिवर्तन को अपनाते हैं और ना ही अपनी छोटी दुनिया से बाहर निकलते हैं'' (अज्ञात). छोटी बातें छोटे दिमागों पर प्रभाव डालती है.

क्या आपका सपना आपकी आशा है या कोई बहाना ? शिकायत न करें. जो पहिया बहुत ज़्यादा आवाज़ करता है उसे बदल दिया जाता है. जबड़ों को ज़्यादा हिलाते रहने से आपकी दो महत्वपूर्ण शक्तियों में कमजोरी आती है – वे हैं देखना और सुनना. कई महान कल्पनाओं को गलत शब्दों ने वहीं ढेर कर दिया है. शिकायत काउंटर पर खड़े–खड़े अपनी ज़िन्दगी बिताना बेकार है.

बरगद पर बैठा समझदार बूढ़ा

जितना ज्यादा देखता उतना ही कम बोलता.

जितना कम बोलता उतना ज्यादा सुनता

फिर क्यों न हम भी उस बूढ़े समझदार पक्षी को अपना आदर्श बना लें ?

(एडवर्ड एच. रिचर्ड्स)

खरा सोना #50

बीते कल की असंभव बात आज पहले से ही स्वीकृत है

साहसी और स्पष्ट बनें. जीवन में पीछे मुड़कर देखेंगे तो आपने जो काम नहीं किए, उनके लिए आपको खेद होता रहेगा. जब मुश्किल काम करें, तो इस तरह कार्रवाई करें मानो इसमें हारना संभव ही नहीं है. यदि आपको माउंट एवरेस्ट पर चढ़ना है तो साथ में अपना झंडा भी रखें.

जो आपको दिख रहा है उसके साथ–साथ उस पर विश्वास करें जो आप पा सकते हैं. यहां पर जीवन–परिवर्तन की कुछ सलाहें दी जा रही हैं. तब तक किसी योजना को न स्वीकारें जब तक वह वाकई में बहुत महत्वपूर्ण न हो और स्पष्टतया असंभव न लगे. अर्जुन की तरह निशाना लगायें और सफल बनें.

आम आदमी अपना आम होना स्वीकार नहीं करता. विलयम एम. विनान्स का कहना है ''औसत से ज़्यादा कुछ न करने से औसत का स्तर गिर जाता है.'' जो मुश्किल कार्य हो उसे अपनाएं. वह आपके लिए अच्छा रहेगा. ''जब तक आप उससे ऐसा कुछ अतिरिक्त नहीं करते जो आप पहले कर चुके हैं तब तक आप आगे नहीं बढ़ेंगे'' –रोनाल्ड ई. ओसबोर्न.

यह कहना मुश्किल है कि सच में क्या असंभव है. क्योंकि आज जो हमें सहज स्वीकृत लग रहा है वह कल असंभव था. नेपोलियन ने कहा था, ''असंभव शब्द सिर्फ मूर्ख लोगों के शब्दकोश में ही पाया जाता है.'' आपके शब्दकोश में क्या शब्द हैं?

जो बहुत ज़्यादा से डरता है वह हमेशा बहुत कम करता है. संभव चीज़ को पाने के लिए हमें असंभव चीज़ के लिए कोशिश करनी चाहिए. आपकी दृष्टि दूर तक जानी चाहिए, आपमें विजन होना चाहिए जो आपसे बड़ा हो. महान सपनों के साथ सहजता बनाये रखें.

सर्वोत्कृष्ट नौकरी अब तक नहीं मिली है, सर्वोत्तम कार्य अभी तक नहीं हुआ है. जब तक आप अपनी क्षमता से ज़्यादा कुछ नहीं करना चाहेंगे, तब तक आप वह नहीं कर सकेंगे जो कर सकते हैं. उनकी बातें मत सुनिए जो कहते हैं, ''इसे ऐसे नहीं करते.''

आप बहुत बड़ा मौका पा रहे हैं. खुद में ऐसी क्षमता निर्माण करें कि आप लोगों की वे सारी बातें नज़रअंदाज़ कर सकेंगे जो यह कहती हों कि ''यह काम नहीं हो सकता.''

यदि माइकेलएन्जेलो ने सिस्टीन चैपल की छत के बदले जमीन को पेन्ट किया होता तो यकीनन आज तक उसे मिटा दिया जा सकता था. ''हमेशा ऊंचा लक्ष्य रखें. उन तक पहुंचने के लिए, सुरक्षित रास्ता अपनाने से बेहतर होगा, उन तक पहुंचने की कोशिश की जाये. शायद वहां पर बातें अलग होंगी'' वीज़ रॉबर्टस.

छोटी–छोटी योजनाओं में न उलझें. क्योंकि उनसे किसी को प्रेरणा नहीं मिलती (आपको भी नहीं!) जिस व्यक्ति की कोई अपेक्षा नहीं रहती वह कभी निराश नहीं होता. एक कोशिश करता है, जीतता है. उससे दूसरों को प्रेरणा मिलती है. वे भी आगे बढ़ते हैं और जीतते हैं. उच्च लक्ष्य के उच्च प्रभाव पर गौर करें.

दुनिया में सबसे निराश लोग वहीं है जो उसी में संतुष्ट हैं जो उन्हें मिलता है. असफल रहने के कई उपाय हैं और किसी अवसर का लाभ न उठाना उसमें सबसे अव्वल है.

खरा सोना #51

अपने पास जो है उससे शुरूआत करें, जो नहीं है उसका इन्तज़ार न करें

अपना भविष्य बनाने के लिए आपको जो चाहिए वह आपके पास उपलब्ध है. यह मत कहिए कि, ''यदि मेरे पास यह होता कि... यदि यह थोड़ा अलग होता तो... यदि मेरे पास ज़्यादा पैसा होता तो... तो शायद मैं वह सब कुछ करता जो मुझे करना चाहिए था.'' लोग हमेशा उन बातों को महत्व देते हैं जो उनके पास नहीं है.

कभी यह मत सोचिए कि जो चीज़ें आपके पास हैं उनके सहारे आप वह नहीं कर सकते जो आप करना चाहते हैं. लम्बा आलसीपन हमेशा सृजनात्मकता को अधमरा कर देता है क्योंकि झिझक से भरे दिमाग को सब कुछ असंभव लगता रहता है.

खास परिस्थिति का इन्तज़ार न करें. साधारण स्थिति में ही काम शुरू करें. हमें ज़्यादा ताकत, क्षमता या बढ़िया अवसर की जरूरत नहीं होती. जो है उसका इस्तेमाल करें. हर किसी को अपनी सीमाओं से आगे बढ़ना चाहिए.

''मुश्किल और दूर की मंज़िल कभी–कभी आंखों का धोखा हो सकती हैं. महान अवसर कई बार हमारे अगल–बगल में ही होते हैं'' जॉन ब्युरोफ. अब आपका काम यही है कि भविष्य के लिए आज जो हमारे पास है उस पर काम करें. कोई भी व्यक्ति तब तक खुश नहीं रह सकता जब तक कि वह आज उसके पास जो भी है उससे खुशी प्राप्त करें और जो नहीं है उसके लिए दु:ख न करें.

महानता छोटी–छोटी बातों में महान बनने से ही मिलती है. आपकी इच्छा के अनुसार आप के पास जो कुछ नहीं है उसके लिए रोना न रोयें, बल्कि उस बात के लिए खुद को खुशनसीब समझें कि इससे बुरा तो नहीं हुआ जो हो सकता था. ''हमें कुछ करना चाहिए'' बड़ा ही बेकार किस्म का कहना साबित होता है. वॉल्टर ड्वाइट का कहना है, ''शुरूआत करने में ही इसका सही जवाब छिपा है.''

आप खुद जो हैं उससे ज़्यादा आपके पास जो है उससे खुश रहें. अपने पास उपलब्ध चीज़ की जो प्रशंसा नहीं करते उनके पास कभी खुशी नहीं आ सकती. बहुत दूर की सोचते रहने की गलती न करें. उससे पास की अच्छी चीज़ें दिखाई नहीं देती.

किसी भी काम में अंत तक गये बिना उस काम से हमें सर्वोत्तम फल नहीं मिल सकता. यह कार्रवाई सब कुछ तय हो जाने से पहले ही करनी चाहिए. सभी स्थितियां ''सही'' होने के बाद जो काम करता है वह सभी सफल नहीं होता.

जो अपने पास नहीं है उस पर सोचना अर्थात समय गंवाना है. इसके बजाय जो काम आज आपके पास है उस पर पूरी ईमानदारी दिखाकर अपना कर्तव्य पूरा करें ताकि इस समय किया गया कार्य आपको भविष्य के कामों के लिए तैयार कर देगा. जर्मन की इस कहावत को जीने की कोशिश करें, ''जहां आपकी जड़ है वहां बढ़ने की कोशिश करें. बुनना शुरू तो करें, ईश्वर धागा आपको उपलब्ध करा देगा.''

खरा सोना # 52

गलत काम की कोई सही राह नहीं होती

शुरू से ही सर्वोत्कृष्ट बनने की कोशिश करें. सर्वोत्कृष्ट से बढ़कर कोई नहीं है. आपने जो भी काम चुना हो, परंतु आपकी ज़िंदगी की गुणवत्ता उस अनुपात में होगी जो अनुपात सर्वोत्कृष्ट के प्रति आपकी प्रतिबद्धता का होगा. सॉमरसेट मॉम ने कहा है, ''ज़िंदगी की एक बात बड़ी मजेदार है कि, अगर आप सर्वोत्तम के अलावा कुछ और लेना अस्वीकार करेंगे तो आपको वह सर्वोत्तम चीज़ मिल ही जायेगी.''

दरअसल सही काम करने में कम समय लगता है लेकिन गलत काम करने का स्पष्टीकरण देने में ज़्यादा समय लगता है. गलत काम करने का कोई सही तरीका नहीं है. ''थोड़ा-सा गलत और एकदम सही, थोड़ा सा अच्छा और सर्वोत्तम, मध्यम और सर्वोत्कृष्ट में बहुत ज़्यादा अंतर है'' ओरिसन मार्डेन.

हर दिन हमें अपने आप से पूछना होगा, ''दूसरे की जगह लोग मेरी सेवाएं क्यों लेते हैं?'' या ''मेरे प्रतियोगियों के स्थान पर लोग मेरे साथ कारोबार क्यों करते हैं?'' फ्रैंक आउटलॉ का कहना है, ''अपनी कार्रवाइयों पर गौर करें. वे आदतें बन जाती हैं. अपनी आदतों पर गौर करें. वे आपका स्वभाव बन जाती हैं. अपने स्वभाव पर गौर करें. वह आपका भाग्य बन जाता है.''

सर्वोत्कृष्ट बनने के लिए ईमानदार बनें. जो झूठ बोलते हैं उन्हें थोड़े समय बाद अच्छे-बुरे की पहचान नहीं होती है. सच अपनी जगह महत्वपूर्ण होता है. झूठ के पैर नहीं होते. उसे दूसरों के सहारे की जरूरत होती है. आधा-झूठ से बचें. आप गलत चीज़ में फंस जायेंगे.

हर बार जब आप ईमानदार होंगे, आप सफलता की ओर बढ़ते जायेंगे. हर बार आप झूठ बोलेंगे चाहे वह सफेद झूठ क्यों न हो, वह आपको असफलता की ओर धकेलता रहेगा.

बाहरी चीज़ें आपके स्वभाव को नियंत्रित नहीं करती, आप करते हैं. सही स्वभाव नापने के लिए जरूरी है यह जानना कि एक अगर उसे पता चले कि वह पकड़ा नहीं जायेगा तो वह क्या कार्रवाई करेगा.

सर्वोत्कृष्टता की होड़ में अंतिम लक्ष्य नहीं होता. अपने स्वभाव से ज़्यादा अपनी प्रतिष्ठा पर ध्यान दें. आपका चरित्र ही आपका वास्तविक अस्तित्व है जबकि प्रतिष्ठा सिर्फ वह ख्याल है जो लोग आपके बारे में सोचते हैं.

''जो सही है वह हमेशा बेहतर होता जायेगा और जो गलत है वह उससे भी गलत होता जाएगा क्योंकि समय किसी के लिए नहीं रूकता''– चार्ल्स कैलेब कोल्टन. हाल ही में मैंने एक जगह पढ़ा था, ''सर्वोत्कृष्टता पायी जा सकती है यदि आप... दूसरों की समझदारी से ज़्यादा समझदार बनें, दूसरों की सोची हुई सुरक्षा से ज़्यादा सुरक्षा अपनाएं, दूसरों के व्यावहारिक सपनों से ज़्यादा अपने सपने व्यावहारिक बनायें. दूसरों के लिए संभव इसे दुनिया भर में फैला दें. से ज़्यादा की अपेक्षा रखें.'' सर्वोत्कृष्टता संक्रामक है.

खरा सोना #53

अतीत में झांकते रहने से भविष्य धुंधला हो जाता है

कल पिछली रात को खत्म हो गया. इसलिए आज महत्वपूर्ण है. अतीत में झांकते रहने से अच्छा है आगे की ओर देखें. अतीत के समाप्त होने से खेद हो जाता है और उससे सपने भी समाप्त होने लगते हैं. ''इन्सान तब तक बूढ़ा नहीं होता जब तक कि उसके सपनों पर अतीत का खेद हावी नहीं हो जाता'' (जॉन बेरीमोर). खेद अतीत का मुंह देखता है. चिंता आज में जीती है और विचारधारा ऊपर, देखती है.

ज़िंदगी के अतीत से सीख ली जा सकती है लेकिन उसे जीना भविष्य की ओर चाहिए. यदि इतिहास जीवन की सच्चाई होती तो हम सभी अभी तक आदिम युग में ही जी रहे होते. अतीत में घटी अच्छी घटनाओं के प्रति कृतज्ञता रखकर आगे बढ़ना चाहिए. इसलिए अतीत के प्रति कृतज्ञ रहें और आत्मविश्वास से आगे बढ़ें. आपका अतीत आपकी नयी शुरूआत का आरंभ है.

विवियन लारामारे ने कहा है, ''मैंने कल का दरवाजा बंद करके चाभी दूर फेंक दी है. भविष्य की मुझे चिंता नहीं है क्योंकि मैंने आज को ढूंढ लिया है.'' अतीत को मजबूत धरातल बनायें. उसमें बैठकर जीवनभर झूलते न रहें. कल के इतिहास से भविष्य के सपने ज़्यादा कीमती हैं.

अनुभव आज की समस्या पर कल का दिया हुआ जवाब है. आपका अतीत आपकी संभावना नहीं है. अपना भविष्य अतीत के इर्द-गिर्द न बनायें. अतीत बीत चुका है. सफल बनने के लिए आपको अतीत का अंग काटकर फेंकना होगा.

''रास्ते पर नज़र रखें और अगला खतरा टालने के लिए आइने के ज़रिए अतीत नज़र रखे'' (डैनियल मेकॅम). अतीत में यात्रा न करें. कल को आज पर छा जाने न दें.

हम कहां से आए हैं यह देखते रहने की बजाय यह देखना ज़्यादा ठीक है कि हम कहां जा रहे हैं. कल के चश्मे से अपना भविष्य न देखें. अपने आप को सीमित करना

और अपने सपनों में बाधाएं डालना बहुत आसान है. ''अतीत एक धरातल है जो जीवन को आधार देता है वह बीत चुका है'' –एडमंड बुर्के. अतीत को देखकर आप भविष्य नहीं बना सकते. जिनके लिए कल बहुत बड़ा है, वे यकीनन आज कुछ भी नहीं कर रहे हैं.

आपका भविष्य निश्चय ही आपके अतीत की किसी भी सुखद याद से बेहतर होगा. अतीत को आपका भविष्य बनाने की इजाज़त न दें. पीछे की ओर मुंह करने आगे चला नहीं जा सकता. कल का इन्सान अगर भविष्य की दुनिया के लोगों के साथ चले तो उससे ज़्यादा त्रासदी और कोई नहीं होगी. पिछली गलतियों को यादगार न बनायें. उन्हें कब्र में गाड़ देना चाहिए. उन्हें तस्वीर बनाकर न टांगें.

जो बहुत ज़्यादा अतीत की बातें करते हैं वे भूतकाल में जीते हैं. जो वर्तमान की बातें करते हैं वे खुद को बनाए रखते हैं. परंतु जो भविष्य की बातें करते हैं वे प्रगति करते हैं.

कुछ लोग इस तरह अतीत में रहते हैं कि भविष्य उनकी पहुंच से आगे निकल जाता है. भविष्य उन्हीं को डराता है जो अतीत में जीते हैं. संपन्नता अतीत में जीने से नहीं आती. कल के बारे में सोचते रहेंगे तो भविष्य कभी–भी सुखद नहीं होगा. कल हमेशा के लिए खत्म हो चुका है और अब उस पर कोई नियंत्रण नहीं है. अब हमारे सामने सिर्फ अतीत और भविष्य की तुलना बची है – जो बेकार है.

खरा सोना # 54

जल्दी मचाने से क्या हासिल?

''समय बदलता रहता है.'' एक विमान यात्री ने अपने साथी से कहा ''जब मैं बच्चा था, वहां नीचे नाव में बैठकर मछलियां पकड़ा करता था. जब भी कोई विमान ऊपर से गुजरता, मैं सोचता कि काश मैं उस विमान में होता. आज विमान से नीचे देखते हूं तो सोचता हूं कि काश मैं नाव में होता और मछलियां पकड़ रहा होता.''

सही जगह पर सही समय पर उपस्थित रहने से सारी बातें सर्वोत्तम बन सकती हैं. समय कितना बलवान है. थियोडर रूज़वेल्ट ने कहा है ''समझदारी में 10 में से नौवां हिस्सा समय पर समझदारी दिखाने में हैं.''

आप आज इस किताब को पढ़कर यह साबित कर रहे हैं कि आपको प्रगति करनी है. कहीं–न–कहीं जाना है. हममें से अधिकांश लोग जहां जाना होता है वहां तेजी से पहुंचना चाहते हैं, पर याद रखें कि ज़्यादा तेज मतलब ज़्यादा धीरे!

जल्दी मचाने की स्थिति बहुत कम बार पैदा होती है. उससे हर सपना और भी धीमी गति से आगे बढ़ता है. असफलता मुंह खोलकर सामने खड़ी हो जाती है. ज़्यादा जल्दी मचाना मतलब गति को कम करना'' (जॉन हेवुड).

आप जहां जा रहे हैं वह महत्वपूर्ण है. किसती जल्दी पहुंच रहे हैं यह महत्वपूर्ण नहीं है. ''धीरज न रखनेवाले लोग हमेशा गंतव्य स्थान पर देर से पहुंचते हैं'' (जीन डुटोर्ड). इस बेसब्री से हम किए गये कामों पर पानी फेर देते हैं.

हमारी अधिकांश असफलताओं का कारण होता है परिणामों को पाने में हमारी बेसब्री. ''बेसब्री जैसा मूर्ख सबसे धीमी गति से चलता है'' (थॉमस शैडवेल). जब आप किसी बात के लिए जल्दी मचाते हैं तब वह बात आपके लिए सबसे बड़ी बन जाती है.

''घटनाओं को अपने अनुसार और अपने समय पर घटने दीजिए'' (ह्यू प्राथर). ज़िंदगी को मौसम के अनुसार जीना चाहिए. मतलब अलग–अलग समय में विभिन्न काम करके हमें सफलता हासिल करनी चाहिए.

सही काम सही समय पर करें. चीनी कहावत है ''वसंत ऋतु में अपना खेत न छोड़ें और ठंड में अपना घर न छोड़ें.'' पतझड़ के बाद बहार आनी ही है.

हर काम पूरा करें. आधी छोड़ी चीज़ को कोई याद नहीं रखता. समय से पहले विजय का ऐलान न करें. सपनों की हत्या असमय जल्दी मचाने से होगी. समय से पहले परिणामों की अपेक्षा हमेशा घातक होगी. प्रतीक्षा में काफी बातें सीखने का मौका मिलता है. बेसब्री अनावश्यक सिरदर्द का कारण बनती है.

खरा सोना #55

दौड़ पूरी करने के लिए सही रास्ते पर रहें

अवसर हर जगह हैं. सवाल यह है कि आप किस पर ध्यान केन्द्रित करते हैं. खुद से रोज यह सवाल करें कि, ''मेरा केन्द्र बिंदु कहां हैं?'' जहां आपका केन्द्र है उस पर अपनी शक्ति और गति लगायें.

गतिशीलता के पहलू हैं–(1) यह एक दिमाग की उपज होती हैं. (2) यह लक्ष्य की ओर बढ़ती है. (3) इसमें भावनाएं होती हैं जिनकी कोई सीमा नहीं होती. (4) इसमें केन्द्रित एकाग्रता और निश्चित सघनता की अपेक्षा रहती है और (5) इसका दृष्टि क्षेत्र असीमित रहता है और सर्वोत्कृष्टता के प्रति प्रतिबद्धता रहती है.

केन्द्रिय एकाग्रता अवसरों के दरवाजे खोल देती है. ''सफलता का पहला नियम है... एकाग्रता–अपनी सारी शक्तियां एक बिंदु पर केन्द्रित करना और दायें-बायें देखे बिना सीधा उस बिंदु की ओर बढ़ना'' (विलियम मैथ्यूज़).

अधिकांश सफल व्यक्ति एकाग्र रहते हैं. जब तक उनका उद्देश्य सफल नहीं हो जाता वे उस दिशा में अपनी सारी ऊर्जाएं केन्द्रित करते हैं. उनके दिमाग में एक विशिष्ट कल्पना, निश्चित ध्येय, एकमात्र उद्देश्य रहता है. वे किसी एक बात पर अपना अधिकार जमा लेते हैं.

कई लोगों के सपनों में और जो वे हासिल करते हैं उनमें काफी अंतर होता है. वह इसलिए होता है क्योंकि किसी एक बिंदु पर ध्यान केन्द्रित करने की उनकी क्षमता की, प्रतिबद्धताओं में कई विकल्प होते हैं.

विनाश के दो उपाय हैं–किसी की भी सलाह न मानना और हर किसी भी सलाह मान लेना. अच्छाई के लिए मना करना सीखें ताकि आप सर्वोत्तम को हां कह सकें. ए. पी. गॉथ ने कहा है कि यश प्राप्ति के लिए आपको तीन बातें मालूम होनी चाहिए– ''(1) क्या छोड़ा जाये. (2) क्या संभाला जाये. (3) कब मना किया जाये. ना कहने की शक्ति हमें हां कहने की ताकत दिलाती है.''

अपनी इच्छाओं को दिशा देकर ही हम उपलब्धि पा सकते हैं, उन्हें नज़रअंदाज़ करके नहीं. जब आप मुश्किल् चीज़ें हासिल करेंगे तो आपको कितनी ताकत मिलेगी उसका अंदाजा लगाइए. किसी उद्देश्य के लिए जीने से आपके शब्दों में, आवाज की ताल में, आपके पहनावे में, आपके चलने–फिरने में बदलाव और सुधार आएगा.

भविष्य के बारे में अनिश्चित और वर्तमान के बारे में धुंधला व्यक्ति न बनें. कूड़े का ढेर न बनें. अपनी विशेषता बनाए रखें. जब तक निश्चित नहीं करेंगे, आप कहीं नहीं पहुंचेंगे. दौड़ पूरी करनी हो तो सही रास्ते पर जमे रहें.

मैं कई लोगों की निरूद्देश्य ज़िंदगी देखकर हैरान हो जाता हूं. केन्द्रिय उद्देश्य न होने से वे अपनी ज़िंदगी की बागडोर किसी और के हाथ में दे देते हैं. ऐसा अपने साथ न होने दें. ''खुद को दिशा दें, किसी विशिष्ट दिशा में निश्चित कार्य में खुद को लगाएं. जो आप हैं वहीं बने रहें और जो नहीं है वह बनने की कोशिश करके हार न जायें'' (अज्ञात).

खरा सोना # 56

फलों से लदे वृक्ष पर ही पत्थर फेकें जाते हैं

सभी गतिशील लोगों को एक ही समान मुसीबत सताती है–वह है टिप्पणी! आप उसका सामना कैसे करते हैं उस पर आपकी गतिशीलता निर्भर करती है. मैं *'टाइम'* पत्रिका में बिली ग्राहम की कहानी पढ़ रहा था. और मैं चकित हुआ क्योंकि उसमें उनके साथी मंत्रियों की कई टिप्पणियां शामिल थी. फिर मुझे याद आया, ''महान लोगों की महान टिप्पणियों को स्वीकारें और उसे महान लक्ष्यों और उपलब्धियों को पाने का माध्यम बनायें.''

जो लोग तहे–दिल से आप में रूचि रखते हैं उनसे ठोस टिप्पणी आपके लिए लाभदायक रहेगी लेकिन जो यों ही टिप्पणियां करते हैं उनके लिए आप जिम्मेदार नहीं हैं. टीकाकार को बेकार का समय न दें. उसके स्थान पर दोस्त को समय दें. एडवर्ड गिब्बन ने कहा है, ''मैं उन लोगों की टिप्पणी पर बहस नहीं करता जिनके लिए मेरे मन में आदर नहीं है.''

सृजन से टिप्पणी करना हजार गुना आसान है. इसलिए टीकाकार कभी समस्या नहीं सुलझा सकते. ''कोई भी मूर्ख टिप्पणी कर सकता है. अस्वीकृति के साथ शिकायत कर सकता है. और करता भी है'' (डेल कार्नेगी). मेरा मानना है कि यदि कोई यह समझता है कि कोई चीज़ नहीं की जा सकती तो उसे उस व्यक्ति को रोकने का कोई अधिकार नहीं है, जो उसे कर रहा है. याद रखें कि जब आप पीछे से धक्का दे रहे हैं, मतलब आप आगे नहीं है. एक कहावत है, ''टिप्पणीकर्ता उस लड़की की तरह होता है जिसका हाल है – नाच न जाने आंगन टेढ़ा!''

टिप्पणीकर्ता सवाल को समझे बिना जवाब के साथ तैयार रहता है. ''टिप्पणीकर्ता अपने से महान व्यक्तियों की प्रशंसा में विश्वास करता है. परंतु उसे कभी महान व्यक्ति मिलता ही नहीं'' (रिचर्ड लेगालिन). उसे यह यकीन रहता है कि सूरज प्रकाश का मुख्य उद्देश्य छाया तैयार करना है. वह किसी में विश्वास नहीं करता, पर चाहता है कि आप उस पर विश्वास करें. वह समीक्षक की तरह होता है जो ''सबकी कीमत जानता है लेकिन किसी का मूल्य नहीं जानता'' (ऑस्कर वाइल्ड). टिप्पणी करने वालों को जवाब देने में समय न गंवाएं. आप उनके जवाबदेह नहीं हैं.

ओछे न बनें, बड़े बनें. टीका–टिप्पणीकर्ता न बनें. ''हमें कोई अधिकार नहीं है कि हम अपने दिमाग की तकलीफें दूसरों की ज़िंदगी में उंडेलें. उनकी खुशियां और उजाला छीनें'' (जूलिया सेटन). दूसरों पर टिप्पणियां करते समय याद रखें कि आप ओवरटाइम का काम कर रहे हैं और वह भी बिना कोई वेतन पाए.

कभी कीचड़ न उछालें. यदि आप कीचड़ उछालेंगे तो जिनको गंदा करना है वो तो गंदे होंगे ही पर आपके हाथ भी गंदे हो जायेंगे. आप सितारा न बन सके इसलिए बादल बनने की कोशिश न करें. इसके बजाय, ''अपने सुधार को इतना समय दें कि दूसरों पर टिप्पणी करने का समय ही न रहे'' (आशावादी व्यवहार) अपना समय और शक्ति टिप्पणी करने में बेकार करने के बजाय उसे सृजन में लगायें.

याद रखें एक बात कि

अच्छी बात एक करनी है,

सृजनकर्ताओं की भीड़ में शामिल होना है,

विनाशकर्ताओं को भूल जाना है.

(अज्ञात कवि)

खरा सोना # 57

ज़िंदगी के आसान रास्तों की खोज, बड़ा भारी बोझ!

''लोग आपको आपके कार्यों से आंकते हैं, आपके इरादों से नहीं. आपके पास सोने का दिल हो सकता है, पर वह तो उबले अंडे के पास भी होता है.'' एक अच्छा काम हजारों शब्दों का प्रभाव डाल सकता है. अपने अच्छे इरादों को ठोस कार्रवाई में बदल डालें. यदि आप ऐसा नहीं करते हैं तो आप उन इरादों पर विश्वास नहीं करते.

कुछ लोग अपना सारा समय यह ढूंढने में लगा देते हैं कि क्या सही है. लेकिन उसके बाद उनके पास उसे कार्यान्वियत करने का समय नहीं रहता. याद रखें कि एक बार यह पता चले कि क्या सही है और उसके बाद भी उस पर काम न करें तो यह गलत है. आपकी ज़िंदगी की कहानी कलम से नहीं, आपकी कार्रवाई से लिखी जाएगी. कुछ न *करना मतलब* कुछ न होने के बराबर है.

कार्रवाई से डर कम होता है. जब हम अपने डर कर को चुनौती देते हैं तब हम उन पर हुक्म चलाते हैं. जब हम अपनी समस्याओं से कुश्ती लड़ते हैं तब हम पर उनकी पकड़ ढीली पड़ जाती है. जब हम हमें डरानेवाली बातों से दो हाथ करने की हिम्मत रखते हैं तब हम निजी स्वतंत्रता के दरवाजे खोल देते हैं.

गतिशीलता ऐसे हो नहीं आती. ''आम धारणा होती है कि प्रेरणा कार्रवाई को जन्म देती है, लेकिन सच्चाई इससे अलग है – कार्रवाई से प्रेरणा पैदा होती है'' (रॉबर्ट मैकेन) प्रेरणा मिलने तक न रूकें. ''बैल को सींग से पकड़कर जकड़ लें ताकि वह दया की भीख मांगने पर मजबूर हो जाये'' (माइकेल कैडेना).

आलसीपन एक बोझ है. अपेक्षा रखना आलसी व्यक्ति की आय है. अचरज की बात है कि आलसीपन निरंतर रहता है. वह धीरे – धीरे बढ़ता हुआ एक दिन गरीबी पर आ जाता है.

''हजारों मुसीबतों के बिना आलसीपन नहीं आता'' (वेल्श कहावत). हम तब सबसे ज़्यादा कमजोर रहते हैं जब हम बिना किसी उद्देश्य के कुछ पाना चाहते हैं. एक कहावत है ''कड़ी मेहनत संपन्नता लाती है, खेलकूद में समय गंवाने से गरीबी आती है.''

हेनरी फोर्ड ने एक बार टिप्पणी की थी, ''आप जो करनेवाले हैं उस पर आपकी प्रतिष्ठा निर्भर नहीं करती.'' आलस्य एक ऐसी चीज़ है जो बड़ी–बड़ी हस्तियों को समाप्त कर देती है.

बिना कार्रवाई का व्यक्ति जो सिर्फ बातें ही करता है वह फूलों के बीच जंगली घास के समान होता है. अपने सपनों के इर्द–गिर्द जंगली घास उगने न दें. सिर्फ किसी दूसरे व्यक्ति की तरह बनने का सपना देखना अपने अस्तित्व को नकारना है, उसे बेकार करना है. बड़ी उपलब्धियों के महान सपने सिर्फ देखे नहीं, जागरूक रहकर उन्हें पूरा करें.

खरा सोना #58

.... आगे बढ़ें .....

अस्तित्व से आगे बढ़ें, जीना जियें.

सुनने से आगे बढ़ें, ध्यान दें.

सहमति से आगे बढ़ें, सहयोग दें.

बोलने से आगे बढ़ें, बातचीत करें.

बढ़ने से आगे बढ़ें, फलें–फूलें.

खर्चे से आगे बढ़ें, निवेश करें.

सोचने से आगे बढ़ें, सृजन करें.

काम करने से आगे बढ़ें, सर्वोकृष्ट बनें.

हिस्सा देने से आगे बढ़ें, पूरा दे दें.

निर्णय से आगे बढ़ें, समझ लें.

स्वीकारने से आगे बढ़ें, प्रतिबद्ध रहें.

क्षमा से आगे बढ़ें, भूल जायें.

मदद से आगे बढ़ें, सेवा करें.

सहजीवन से आगे बढ़ें, मैत्री करें.

सोचने से आगे बढ़ें, योजना बनायें.

सपनों से आगे बढ़ें, कार्रवाई करें.

देखने से आगे बढ़ें, ग्रहण करें.

पढ़ने से आगे बढ़ें, कार्यान्वित करें.

प्राप्त करने से आगे बढ़ें, प्रतिदान करें.

चुनने से आगे बढ़े, केन्द्रित रहें.

इच्छा से आगे बढ़ें, विश्वास करें.

सलाह से आगे बढ़ें, सहायता करें.

बोलने से आगे बढ़ें, देना शुरू करें.

प्रोत्साहन से आगे बढ़ें, उत्प्रेरण करें.

जोड़ने से आगे बढ़ें, गुणा करें.

बदलाव से आगे बढ़े, सुधार करें.

पहुंच से आगे बढ़े, फैलाव को बढ़ाएं.

खरा सोना # 59

दिन में सपने देखें

कभी–कभी रूक जायें और दिवास्वप्न भी देख लें. अपनी कल्पना को उड़ने दें और खुली हवा में सांस लेने दें. सृजनात्मक रूप से सोचना शुरू करने में कभी देर नहीं होती. आमतौर पर व्यक्ति कल्पना पर विचार नहीं करता इसलिए वह अपनी पूरी क्षमता के उपयोग से दूर रहता है. नये विचारों पर सोचना दाढ़ी बनाने जैसा है. यदि आप ऐसा करते हैं, तो आपको रोज वही करना होगा. वरना चेहरा बढ़ी हुई दाढ़ी जैसा बदसूरत हो जाता है. हमेशा नयी, आकर्षक और शक्तिशाली कल्पनाओं को आपकी ज़िंदगी में आने दें.

निरंतर अपनी, सृजनात्मकता और कल्पना से परंपरा को तोड़ते रहें. ''इन्सान के अवसर इसलिए सीमित रहते हैं क्योंकि उसके पास कल्पना की कमी रहती है. पर कुछ की कल्पनाएं इतनी आगे चलती हैं कि एक ही कंपोजर में दस हजार तार लगाये जा सकते हैं'' (चार्ल्स केटरिंग). आपके सपने आपकी महानता की झलकियां होते हैं.

जो ज़्यादा कार्य करते हैं वे ज़्यादा सपने देखते हैं. डेक्सटर यागर ने कहा है, ''अपने सपनों को चुराने का मौका किसी को न दें.'' उथली सोच कभी गहरा प्रभाव नहीं डाल सकती है. हम कार्य करते हैं या नहीं करते, परंतु इसका निर्णय अपनी *इच्छानुसार* नहीं होता–जैसा कि सभी लोग मानते हैं. बल्कि वह अपने *नज़रिए* के अनुसार होता है. जब आपको अदृश्य दिखायी देता है तभी आप असंभव काम कर सकते हैं.

''कल्पनाएं खरगोश की तरह होती हैं. आप उनकी एक जोड़ी लें और उन्हें संभालना सीख लें तब उनकी संख्या एक दर्जन हो जाती है'' (अज्ञात स्रोत). ज़िंदगी के हर कोने से आपको काफी कुछ मिलता रहेगा बशर्ते आप अपनी उत्सुकता बनाये रखें, जिज्ञासा जारी रखें. ''महत्वपूर्ण है कि सवाल पूछना, रोकना नहीं. कभी–कभी पवित्र जिज्ञासा को न दबायें'' (अल्बर्ट आइन्स्टाइन).

''यदि सपने को सच बनाना है तो पहले सपना होना चाहिए'' (डेनिस वेटली). जब तक सपना नहीं होगा, कुछ नहीं होगा. ज़्यादा सपने अर्थात ज़्यादा काम!''

कल्पनाएं सितारों की तरह होती हैं. हम उन तक कभी नहीं पहुंच पाते हैं. लेकिन शुरूआत तो उनसे की जा सकती है'' (कार्ल शुर्ज). ''चूंकि सपना देखने में पैसा नहीं लगता आप कभी अपनी कल्पनाओं की ऊंची उड़ानें भरने में कोताही नहीं बरतें'' (रॉबर्ट शुलर). चीज़ों को वैसा देखने की कोशिश करें जैसी वे होनी चाहिए. दूरदृष्टि से हर बात का मूल्य बढ़ जाता है. एक छोटी सी कल्पना, दिमाग में कौधी गयी बात लाखों रुपये की कीमत की हो सकती है.

मेरा मानना है कि हम संपूर्ण तैयार दुनिया में नहीं रहते हैं. इसलिए निर्माण की खुशी और संतोष पा सकते हैं. सृजनात्मकता हम सभी में होती है. वह हमारे शरीर का एक हिस्सा है. जब हम हमें दी गयी सृजनात्मकता की शक्तियों का उपयोग नहीं करते तब हम अपनी ज़िंदगी पूरी नहीं जी पाते हैं.

''मैं सपनों को बहुत चाहता हूं. दुर्भाग्य से ज़िंदगी में सपने ही पहले टूटते हैं. उनके हकीकत में न बदलने पर लोग तुरंत उनसे पीछा छुड़ा लेते हैं'' (केविन कॉस्टनर). वास्तविकतावादी लोग जिनके व्यावहारिक लक्ष्य होते हैं, वे सपने देखते समय अपनी ज़िंदगी में उतने वास्तविकतावादी या व्यावहारिक नहीं होते'' (हैन्स सेले). आपको चाहिए एक कल्पना! सृजनात्मकता को बनाये रखने की हिम्मत रखें.

खरा सोना #60

जो आप *कर* सकते हैं—*करें*!

जो काम हो सकता है वह करें. जो काम आप नहीं कर सकते उनकी इच्छा न करें. उसके बजाय जो कर सकते हैं वह करें.

हर कोई जहां पर आज है उसके लिए उसने कहीं से शुरूआत की थी. हजारों में एक व्यक्ति ही जान पाता है कि वर्तमान में कैसे जिया जाये. समस्या यह है कि हम शायद ही कभी सोचते हैं कि हम क्या हैं? आमतौर पर हम उन कमियों पर ही सोचते रहते हैं जो हममें मौजूद हैं.

''हमें ज़्यादा शक्ति या क्षमता या महान अवसर की आवश्यकता नहीं होती. बल्कि जो हमारे पास है उसका इस्तेमाल हमें आना चाहिए'' (बसिल वॉल्श). लोग हमेशा अपनी विशेषताओं को नज़रअंदाज़ करते हैं और उन कामों को करते लगते हैं जो वे नहीं कर सकते. अगर कोई अपने पास की जानकारी का इस्तेमाल नहीं करता तो नयी बातें सीखने से भी कोई लाभ नहीं होगा. सफलता का मतलब है हमारे पास जो है उसके ज़रिए सबसे सर्वोत्कृष्ट कार्य करना.

नॉर्मन विन्सेन्ट पील का कहना है, ''हम सभी ने हमेशा यह पाठ पढ़ा है कि हमें असफलताओं से सीख लेनी चाहिए. यदि आप गलतियों से सीख लेंगे तो सिर्फ गलतियों के बारे में जान पायेंगे.'' दरअसल कुछ लोग पूरे जीवन भर असफल रह जाते हैं और उन्हें उसका एहसास भी नहीं होता.

कुछ भी न करने में जो गलत बात होती है वह यह है कि हमें पता ही नहीं चलता कि हम कब खत्म हो गए. जब आप सुधार करने की कोशिश करते हैं तब आप सफल हो जाते हैं. जो अपने पास है उसका उपयोग करें. आपके पास और भी चीज़ें आ जायेंगी. कुछ पीछे न छोड़ें.

''अवसरों का लाभ उठाने से वे गुणकों में बढ़ते रहते हैं, लेकिन उन्हें नज़रअंदाज़ किया जाये तो वे मर जाते हैं'' (अज्ञात). ''हर छत जब छू ली जाती है तब वह जमीन बन जाती है. जिस पर चला जाता है और नयी छत दिखने लगती है. हर निकास का अर्थ होती है दूसरी जगह में प्रवेश'' (टॉम स्टॉपर्ड).

''आप मौसम को नियंत्रित नहीं कर सकते परंतु आप अपने बगल–अगल का माहौल नियंत्रित कर सकते हैं. जो अपने नियंत्रण में नहीं हैं उन पर चिंता क्यों करें? आप पर निर्भर जो बातें हैं उन पर नियंत्रण रखने का प्रयत्न करें'' *(संक्षेप में)*. ''सशक्त सफल व्यक्ति अपने वातावरण का शिकार नहीं बनता. वह अनुकूल माहौल बना लेता है'' (ऑर्सेन मार्देन).

अपने पास की बातों को बेहतर बनाने का तरीका ही बेहतर कार्य करना है. जो आपको दिया गया है उस पर जीवन आरंभ करें. जो इन्सान जरूरत से ज़्यादा कार्य करता है वही आगे बढ़ता है. और आगे बढ़ता ही जाता है. फिर चाहे रास्ता मुश्किल हो, कुछ तनाव आएं, रास्ता सहज हो जाये. कुछ लोग राह में पिछड़ सकते हैं. कहीं से शुरूआत तो करें. जो आप सहजता से करना चाहते हैं उससे आपका भाग्य नहीं बदलेगा.

खरा सोना #61

जहां चाह वहां राह

हर उपलब्धि का आरंभ इच्छा शक्ति से होता है, यह बात याद रखें. कमजोर इच्छाएं कमजोर परिणाम देती हैं. जैजे छोटी सी आग मुश्किल से गर्मी दे पाती है. अपने जीवन से प्रेम करें. अपने प्रेम से प्रेरणा पाकर कार्रवाई करें. जितनी ऊर्जा आप किसी काम में लगायेंगे, उससे ज़्यादा आपको अगले काम में लगानी होगी.

इच्छा का मतलब पेड़ का बीज बोना है. उससे शुरूआत और प्रगति होती है. गहरी इच्छाएं खुद ही अवसर पैदा करती हैं और उसके लिए जरूरी गुण भी पैदा करती है. दृष्टिकोणों को क्षमताओं में बदल देती हैं.

आसक्ति इन्सान का पीछा करती है. ''सशक्त आसक्ति व्यक्ति को सफलता दिलाती हैं. इच्छापूर्ति की ज़बरदस्त भावना खुद ही तरीके ढूंढ लेती है'' (विलियम हजलिट).

अधिकतर शिक्षित व्यक्तियों की समस्या यह है कि शिक्षा उनके दिमागों में होती है, दिलों में नहीं. क्या आपका रास्ता आपके दिल पर हावी हो जाता है? आपको इस दुनिया में इसलिए भेजा गया है कि आप जो करेंगे उसमें अपना दिल, दिमाग डाल सकें.

आपको जीवन में अपनी भावनाओं के लिए याद रखा जाएगा. ऐसी चीज़ ढूंढें, जिसमें आप खो जाएं. विश्वास कोई कल्पना नहीं जिसे इन्सान पालता है बल्कि वह इन्सान को पालता है. उत्साही बनने में सहजता महसूस करना सीखें.

जब-जब उत्साह और आसक्ति की बात उठती है तब-तब कोई-न-कोई *संतुलन* की बात करता है. संतुलन एक अद्‌भुत गुण है लेकिन उसके तुरंत बगल में खड़े रहते हैं उदासीनता और कमजोरी. संतुलित होने का मतलब होता है आमतौर पर तटस्थ रहना, कोई हिस्सा न लेना या कोई रूचि न रखना. इन सभी को सीधे असफलता से जोड़ा जाता है.

उत्साह से किसी भी चीज़ को एक दिन में पाया जा सकता है जिसे वजह देकर प्राप्त करने में सालों लग सकते हैं. ''सबसे ऊपर हैं आपकी चाहतें. उनकी रक्षा करें. वे ही ज़िंदगी की सभी बातों को प्रभावित करती हैं'' (कहावत). विलियम जेम्स ने कहा हैं, ''इस सदी की महानतम खोज है कि यदि आप अपना रवैय्या बदल सकते हैं तो आप अपनी ज़िंदगी बदल सकते हैं.''

आपके हर कार्य पर मुस्कुराहट लगायें. इससे आपके चेहरे का मूल्य बढ़ता है. जब आपका उत्साह बढ़ेगा तब जीवन में तनाव और डर कम हो जाएगा. भावावेश शक्तिशाली होते हैं.

''विश्वास करने का मतलब होता है देखना. पुरानी धारणा कि 'जो देखा उसी पर विश्वास किया' से ज़्यादा प्रभावी आज की धारणा है कि 'जो विश्वास किया वही देखा''' (टेरेन्स डील). जो काम आप कर रहे हैं उससे प्रेम करें. फिर आप बेहतर और बढ़िया काम कर सकेंगे.

खरा सोना #62

विशाल उद्देश्य के लिए, खुद से बड़े काम के लिए अपनी शक्ति लगायें

लोग हमेशा खुद की क्षमतानुसार समस्या चुनते हैं और बड़ी या छोटी समस्याओं को नज़रअंदाज़ कर देते हैं या दूसरों के लिए छोड़ देते हैं. हमेशा खुद की क्षमता से बड़ी समस्या चुनें. ''सफलता, सच्ची सफलता चाहे वह किसी भी क्षेत्र में हो, हमेशा व्यक्ति से उसी बात की मांग करती है, जो आम आदमी देना चाहता है उससे थोड़ा ज़्यादा हो, वह मांग कभी उसकी क्षमता से ज़्यादा नहीं होती'' (जेम्स रोश).

हर महान और मूल्यवान सपने के विरूद्ध सुरक्षा की इच्छा हमेशा रहती है. सुरक्षा कई बार स्थिरता की ओर पहला कदम होती है. इस दुनिया में बहुत से लोग ज़िंदगीभर सुरक्षित रहने की कोशिश में बहुत ज़्यादा मौके छोड़ देते हैं.

सबसे पहले आपका 'दृष्टिकोण' साहसी होना चाहिए. और यही हिम्मत आपके दृष्टिकोण को मजबूत बनायेगी यदि आप कुछ करने का साहस नहीं करेंगे तो आप किसी चीज़ की उम्मीद भी न रखें.

''अगर कोई व्यक्ति अपने कार्य से संतुष्ट रहेगा वह कभी प्रसिद्ध नहीं हो सकता'' (ईसाई कहावत). अगर आपने अपने लिए जो सोचा था वह पा लिया है तो ऐसा माना जाएगा आपने सही योजना नहीं बनायी थी.

किसी खास काम में आएं. जो अपने लिए सही है वह करने का साहस रखें. ऐसा लक्ष्य निर्धारित करें जिसके बदले में आप अपनी ज़िंदगी का एक हिस्सा दे सकें.

खुशी का पक्का रास्ता यही है कि आप अपने से बड़े काम में खुद को डुबो दें. अपने से ज़्यादा के लिए भागने की कोशिश आप नहीं करेंगे तो आप निश्चय ही असंतुष्ट रहेंगे. यदि ईश्वर आपका साथी है तो आप बड़ी योजनाएं बनाने से चूकें नहीं.

''यह कहना मुश्किल है कि या असंभव है क्योंकि कल के सपने आज की आशा हैं और आनेवाले कल की सच्चाई हैं'' (रॉबर्ट गॉडर). हर महान कार्रवाई असंभव होती

है जब उसकी शुरूआत की जाये. लेकिन पूरा होने के बाद वह उपलब्धि आम आदमी के लिए संभव बन जाती है.

छोटी सोच रखनेवालों के लिए हर बात पहाड़ के समान है. महानतम कार्य वैसे सबसे सहज होते हैं क्योंकि उसमें कोई प्रतिस्पर्धा नहीं होती.

अपने आप में पूरी तरह संतुष्ट होने का मतलब है प्रगति को पूर्णविराम देना. यदि आप खुद से संतुष्ट हैं तो आप अपने आदर्श बदल डालें. ''यह जानना कितना अच्छा लगेगा कि हमने अपने सपनों को जीने की कोशिश की है न कि खेद से भरी उदास ज़िंदगी जी है'' (गिल्बर्ट कैप्लिन).

आप कभी भी अपने असंभव सपनों को पूरा नहीं कर पायेंगे, अगर आपके पास उस तरह के असंभव सपने ही ना हो.

खरा सोना #63

उद्देश्य के साथ जीना सीखें

उद्देश्य के साथ जीनेवाले को दुनिया जगह देती है. उनके शब्द और कार्य बता देते हैं कि वे कहां जा रहे है. आप परिस्थितियों को जीतने के लिए, समस्याओं को सुलझाने के लिए और लक्ष्य प्राप्त करने के लिए बने हैं. अड़चनों पर विजय पाये बिना, लक्ष्य प्राप्ति के, बिना और उपलब्धि के उद्देश्य के बिना ज़िंदगी में सही संतुष्टि या खुशी नहीं मिलेगी.

लोग कहते हैं अमीरी चाहते हैं अर्थात वे अपने उद्देश्य की पूर्ति चाहते हैं. उद्देश्य के लिए खुद को मिटा देने से खुशी मिलती है.

हरेक के दिल में उद्देश्य नाम का सोया हुआ शेर रहता है. हर जीवित इन्सान का एक भाग्य होता है. एक मिशन रखें. जीवन की निश्चित दिशा और उद्देश्य रखें. गतिशील उद्देश्य से प्रेरित ज़िंदगी सफल होती है. मजबूत इरादों के आधार पर महान कार्य किये जाते हैं.

जैसे ही आप अपने भाग्य पर सब कुछ छोड़े देंगे, वैसे ही उसे तत्काल स्वीकार किया जायेगा. इसलिए भाग्य नहीं, उद्देश्य पर जियें. जब आप भविष्य में देखेंगे तो वह आपको अपने तेज से चकित कर देगा. जॉर्ज इलियट का यह कथन मेरे लिए प्रेरणादायी है, ''अपने को मनमाफिक बनाने में कभी विलंब नहीं होता. जब जागो तभी सवेरा.''

''अधिकांश लोग गुण कौशल न होने की वजह से नहीं हारते, वे उद्देश्य न होने से असफल हो जाते हैं'' (बिली सनडे). यदि आपकी पद्धति है कि ''कोशिश करो या छोड़ दो.'' तो हमेशा आपको 'छोड़ ही देना' पड़ेगा. क्योंकि ''यदि आपको मालूम नहीं है कि आप कहां जा रहे हैं तो संभावना यही है कि आप कहीं गलत जगह जा पहुंचें'' (रॉबर्ट एफ. मेगर).

राह भूला आदमी न बनें. सिर्फ चलते रहने से बात नहीं बनेगी. वृद्धि के लिए वृद्धि तो कैन्सर के समान होगी. इसलिए निश्चित उद्देश्य से आगे बढ़ें, प्रगति करें.

लॉर्ड चेस्टरफील्ड ने लिखा है, ''उद्देश्य का निश्चित होना चरित्र की आवश्यक सीढ़ी है और सफलता की पहली निशानी है. उसके बिना, बुद्धिमान व्यक्ति के प्रयास भी बेकार साबित हो जाते हैं. वह भूलभूलैय्ये में फंस जाता है.''

जिसका कोई उद्देश्य नहीं वह व्यक्ति परिस्थिति के हाथों खिलौना बन जाता है. सबसे गरीब व्यक्ति वह नहीं जिसके पास पैसा नहीं, बल्कि वह इन्सान है जिसके पास जीने का कोई उद्देश्य नहीं, मकसद नहीं. उद्देश्यहीन व्यक्ति की सिर्फ उम्र बढ़ती जाती है.

''यदि आपके पास अपनी ज़िंदगी का कोई दृष्टिकोण नहीं है, तो शायद आपने किसी बात पर ध्यान केन्द्रित नहीं किया है'' (डॉ. डेविड बर्न्स). दृष्टिकोण के अभाव में कोई स्पष्ट या सतत केन्द्रबिंदु हो ही नहीं सकता.

एक बार उद्देश्य स्पष्ट हो जाए, फिर निर्णय अपने आप सामने आ जायेंगे. ''जब अपना लक्ष्य तय किया जाये, तब आपको उसकी मांग महसूस होगी. उससे उत्साह उमड़ पड़ेगा और उस पर काम करने की इच्छा दिल में मचलने लगेगी'' (डब्ल्यू क्लेमेन्ट स्टोन).

खरा सोना #64

क्या आप तैयार हैं?

किसी के लिए दुनिया बेकार रंगहीन और खाली है तो किसी के लिए वही दुनिया बड़ी सुंदर रोचक और अर्थपूर्ण है. ''दिखने में आंखें सभी समान होती हैं परंतु वे जो देखती हैं वह अलग–अलग होता है'' जे. ऑसवॉल्ड सैन्डर्स. हम अपने–आपको जिस तरह देखना पसंद करते हैं उसी पर सब कुछ निर्भर करता है. पश्चिम में देखते रहने से कभी सूर्योदय नहीं दिखेगा. यह निर्णय आपको लेना है.

यदि आप ज़िंदगी को गलत ढंग से देखेंगे तो निश्चय ही खतरा बना रहेगा. यह तो उसी तरह है कि मंदिर में 200 रुपये खर्च करना बड़ा लगेगा पर जब वह बनिये की दुकान बहुत कम लगेगा. जो आप देखते हैं वह उस पर निर्भर करता है कि आप क्या देखना चाहते हैं. कुछ लोग शिकायत करते हैं कि गुलाबों में कांटे हैं, पर हमें धन्यवाद देना चाहिए कि कांटों में गुलाब भी हैं.

हमेशा खुद को प्राप्तकर्ता बनायें, विरोधकर्ता नहीं. जो आप बाहर से देखना चाहते हैं वह इस पर निर्भर करता है कि आप अंदर से कैसे हैं. ''हमारे सामने आयी कोई भी बात उसनी महत्वपूर्ण नहीं होती जितना कि उसके प्रति हमारा दृष्टिकोण. क्योंकि उसी पर हमारी सफलता या हार निर्भर करती है'' (नार्मन विन्सेंट पील). कीचड़ की शिकायत करनी हो तो बारिश के लिए दुआ न करें.

''आप और मैं चीज़ों को वैसे नहीं देखते जैसी वो हैं. हम उन्हें अपनी नज़र से देखते हैं'' (हर्ब कोहेने). शिकारी का रवैय्या विकसित करें. याद रखें कि जहां भी हम जायेंगे वहां हर स्थान पर कल्पनाएं होंगे जिन्हें ढूंढ लिये जाने का इन्तज़ार होगा. जब आप सही जगह और दिशा में होंगे तो अवसर अपने आप सामने आएंगे. अवसर आपकी झोली में आ गिरेंगे, यदि जहां अवसर गिरते हैं वहां आप अपनी झोली फैलाए रखें.

अवसर हाथ से निकल जायेंगे यदि आप उन्हें झपट लेने के बजाय उन पर तर्क–वितर्क करते बैठें. जब अवसर दस्तक देते हैं तब कुछ लोग अवरोधों पर शिकायत करने में लग जाते है.'' सबसे बड़ी और सुखद सच्चाई यह है कि जब एक दरवाजा खुलता

है तो दूसरा बंद हो जाता है. लेकिन हम लोग उस बंद दरवाजे की ओर बहुत देर तक और खेदपूर्वक ताकते रहते हैं कि हम खुले दरवाजे की ओर देखना ही भूल जाते हैं'' (अज्ञात स्रोत).

आप सफलता देखें, जब दूसरे सिर्फ हार देख रहे हों. कुछ अच्छा घटित होने की उम्मीद रखें. यह उम्मीद आपके सपनों में ऊर्जा भर देगी और उन्हें गतिशील बना देगी.

आपको इससे लाभ यह होगा कि आप वह चीज़ें करेंगे जो बाद में भी कर सकते थे—मतलब आप समय से आगे रहेंगे. जब दूसरे लोगों से आप थोड़ा आगे रहेंगे तब उस सफलता को आनंद अवश्य उठा सकेंगे.

मैं मानता हूं कि महान पुस्तकें पढ़ने से मुख्य लाभ यह होता है कि वे हमें सिखाती है कि ज़िंदगी की चुनौतियों और अवसरों से कैसे पहले ही से निपटा जा सके. जानकारी आपको अवसर देती है कि आप ''प्यास लगने से पहले कुंआ खोद लें और भूख लगने से पहले अनाज बोएं.''

भविष्य की मुसीबत आम लोगों के लिए इसलिए होती है क्योंकि वे उसके लिए तैयार नहीं होते. इसलिए खुद को तैयार रखने पर मुश्किलें कम होगी. इस महत्वपूर्ण प्रश्न पर विचार करें कि: क्या आप तैयार हैं?

आप पायेंगे कि ज़िंदगी आपके रवैय्ये के प्रति अनुकूल है. हम वहां जायेंगे जहां हमारा दृष्टिकोण है. जीवन अधिकतर अपेक्षाओं और उम्मीदों का घर होता है.

खरा सोना #65

नया अवतार लीजिए

क्या आप दुनिया में एक अलग पहचान बनाना चाहते हैं. तो अपने को पहचानिए. वही बनिए जो आप हैं. यह आपको अपने मौजूदा अस्तित्व से बेहतर बनने की दिशा में पहला कदम होगा.

आप और मैं जन्म से समान भी हैं और अलग–अलग भी. ''कोई भी आदमी तब तक सही मायनों में सफल नहीं हो सकता जब तक कि वह अपनी सही स्थिति न जान ले. जैसे कि एक लोकोमोटिव पटरी पर अत्यन्त शक्तिशाली है, मगर अन्यत्र कमजोर है'' (ऑर्सन मार्डेन). इसलिए जो हैं, वही बनिए.

भेड़चाल से बचें. इंजन बनें, डिब्बे नहीं. हर्मन मेल्विले ने लिखा है: ''नकल में सफलता पाने से मौलिकता में असफलता बेहतर है.'' औसत व्यक्ति अलग होने की तुलना में गलत होना ज़्यादा पसंद करते हैं.

अनुरूपता का चलन प्रगति और संतुष्टि का दुश्मन हैं. क्या आप जानते हैं कि अलग होना तो आपकी नियति में है? इसलिए अलग होने की हिम्मत दिखाइए, फिर सितारे आपकी मुट्ठी में होंगे.

''जो हो वही बनो. इससे बेहतर उपलब्धि और क्या होगी?'' (फ्रैंक गिब्लिन). खुद से ये सवाल पूछकर देखिए. अगर मैं उसकी तरह होने की कोशिश करूंगा, तो कौन मेरी तरह होगा? अगर मैं ही खुद मैं नहीं, तो मैं क्या बनूंगा? आप अपनी क्षमताओं का जितना ज़्यादा विकास करेंगे, किसी दूसरे की तरह उतना ही कम बनेंगे. आप जितना अधिक दूसरों की तरह बनने की कोशिश करेंगे, आप ज़्यादा से ज़्यादा दोयम ही बन पाएंगे.

किसी और की तरह बनने की कोशिश करना खुद को हराने जैसा है. आपके जीवन का एक उद्देश्य है अपना ही अवतार लीजिए. रोमन पुस्तक की बात पर भरोसा कीजिए, ''ईश्वर ने हम सभी को कुछ काम पूरी सक्षमता के साथ करने की योग्यता दी है.''

दूसरे व्यक्ति के रास्ते पर चलकर हम अपनी नियति को नहीं पा सकते हैं. अगर आप कभी भी ऐसे रास्तों पर चलने की हिम्मत नहीं जुटाते हैं जिन पर दूसरे लोगों

की पद छाप न हो तो आप नई खोजें कभी नहीं कर पाएंगे. ''उस राह पर न चलो जो कहीं ले जाए, बल्कि उस दिशा में कदम बढ़ाओ जहां कोई रास्ता न हो, जहां आप अपने पैरों के निशान बना सकें'' (अज्ञात).

आप एक आम व्यक्ति नहीं हो सकते. आम व्यक्ति कहीं नहीं जा सकता. आपको चैम्पियन बनने के लिए खास व्यक्ति बनाना होगा. आपकी ज़िम्मेदारी यह नहीं है कि अपना पुनर्निर्माण करें बल्कि आप जिससे बने हैं उसी की कसौटी पर खरे उतरें.

अगर आप खुद से समझौता नहीं करेंगे... तो समझ लीजिए सब कुछ हासिल ''तकरीबन हर आदमी अपनी वो खूबियां दिखाने में वक्त गंवाता है तो उसमें नहीं हैं'' (सैम्युअल जॉन्सन). अपनी ज़िन्दगी को लगातार वह साबित करने की जद्दोजहद में न झौंकिए जो आप नहीं है, और वह मत कीजिए जो आपको नहीं करना चाहिए.

''आप जितना ज़्यादा अपनी तरह होंगे, उत्ना ही कम आप किसी अन्य की तरह होंगे'' वॉल्ट डिज़्ने. आप एक वृक्ष की तरह हैं. आपको वो फल उत्पन्न करने चाहिए जो आप रच सकते हों.''

खरा सोना #66

आपके जीवन में क्या महत्त्वपूर्ण है अगर यह आप तय नहीं करेंगे तो आपके लिए कोई दूसरा करेगा

आपकी नियति एक संयोग मात्र नहीं है. यह चयन का परिणाम है. बहुत से लोगों का ज़िन्दगी में सही उद्देश्य होता है–वे बस इधर–उधर डांवाडोल नहीं रहते. आपको यह मालूम होना चाहिए कि आप जीवन में क्या प्राप्त करना चाहते हैं.

हारवे कॉक्स ने कहा है, ''तय करो कि तय नहीं करना है.'' जब धरती अनिर्णय की स्थिति में होती है तो उस पर खरपतवार जल्दी उग जाती है. रास्ते के बीच में न रहें. रास्ते के बीचोंबीच खड़े रहना बड़ा ही खतरनाक है; दोनों दिशाओं से आती गाड़ियां आपको उड़ा सकती हैं. असफलता की गाड़ी अनिर्णय की पटरी पर दौड़ती है.

अनिर्णय के कारण आप अपनी मौत से बहुत पहले मर सकते हैं. ''अनिर्णय घातक है. यह अपने को ही खा जाता है; कुछ लोग कहते हैं यह एक आदत हो जाती है, मगर ऐसी बात नहीं है यह संक्रामक है. यह दूसरों पर लगने वाली छूत की बीमारी है'' (एच.ए. हॉफ).

जिस आदमी के पास एक घड़ी होती है उसे समय की जानकारी रहती है, मगर जिसके पास दो घड़ियां होती हैं वह द्विविधा में रहता है. जब तक आप निर्णय के प्रति समर्पित नहीं होते, तब तक आपके मन में हिचकिचाहट होती है और कदमों के वापस लौटने की संभावना रहती है, साथ ही अप्रभावशीलता भी रहती है. आप क्या कहते हैं उसे सुनिए. अगर आप खुद को यह कहते हुए, सुन पाते हैं, ''मैंने तय कर लिया है'' तो आप सचमुच एक रोमांचक और सक्रिय ज़िन्दगी की ओर बढ़ रहे हैं.

लीडरों के पास इच्छाशक्ति होती है, सिर्फ इच्छाएं नहीं. आपमें जितनी ज़्यादा इच्छा करने की चाह होगी, आप उतने ही ज़्यादा औसत किस्म के इन्सान होंगे. कमजोर लोगों के पास हमेशा विकल्प होते हैं, जो कि लोगों ने उनके सामने रखे होते हैं. यह

जीवनशैली अंततः आपको एक असंतुष्ट इन्सान बना के रख देती है. बहरहाल माइक मुॅर्डाक की बात पर गौर फरमाइए, ''आप जो अनुमति देते हैं, उस पर शिकायत करने का आपको कोई अधिकार नहीं.''

बुद्धिमान व्यक्ति अपने फैसले खुद करते हैं; बुद्धिहीन लोग जनता की राय का पालन करते हैं. निर्णय न लेने के लिए चिन्ता मत कीजिए, कोई और आपके लिए निर्णय ले लेगा. आप आज जहां हैं वह आपके द्वारा उठाए गये और न उठाए गये कदमों का परिणाम हैं. औसत आदमी यह नहीं जानते हैं कि अपनी ज़िन्दगी से क्या हासिल करें, मगर फिर भी एक और ज़िन्दगी पाना चाहते हैं. ऐसी ज़िन्दगी जिसका कोई अंत न हो.'' अनातोले फ्रांस की यह उक्ति वाकई दमदार है.

परिणाम और सफलताएं मिलती हैं प्रतिबद्धताओं और निर्णयों से. परिणाम उसे कहते हैं जो एक निर्णयशील व्यक्ति सदैव सौ सिर्फ रूचि रखनेवाले लोगों से बढ़कर हासिल करता है. निर्णय उसे कहते हैं जो किसी विचार को वास्तविकता का जामा पहनाते हैं.

हमेशा निर्णयशील बनें, भले ही आपको कई बार गलत साबित होना पड़े. ऐसे में भविष्य का एक सूत्र अब भी आपकी पकड़ में रहेगा कि आप चुन सकते हैं आप तय कर सकते हैं. आपकी प्रतिबद्धता आपको, आप जो हैं से बदलकर आप क्या बन सकते हैं तक ले जाएगी. निर्णय से होता है नियति का निर्धारण.

खरा सोना # 67

गरूड़ उड़े अकेला, कौवा उड़े लेकर कुनबा सारा

हर महान विचार और सपना आपके अंदर ही और सिर्फ आपमें पनपना चाहिए. एक समय ऐसा आएगा जब आपको यकीन होने लगेगा कि हां ऐसा कुछ हो रहा है. क्या आपमें दुनिया से अलग खड़े होने का माद्दा है? क्या आप उस स्थिति पर अपने पर विश्वास कर सकेंगे जब दुनिया की निगाहें आपकी तरफ नहीं होंगी?

जॉन गार्डनर डंके की चोट पर कहते हैं, ''मीनमेख निकालने वाले कहेंगे, 'एक आदमी कुछ नहीं कर सकता' मैं कहता हूं, 'केवल अकेला आदमी कुछ भी कर सकता है.' आपके लिए कोई कुछ नहीं कर सकता. आपके लिए कोई कुछ नहीं करेगा.''

हेनरी वड्सवर्थ लांग फैलो इसे अपने तरीके से इस प्रकार कहते हैं, ''न तो भीड़ भरी गलियों के उल्लास में, न लोगों के कोलाहल भरी जयजयकार में, हम बस आगे बढ़ते हैं अपने अंतर्मन की जीत और हार में.'' आप अपनी सोच, सपने या विश्वासों को दूसरों को सौंप नहीं सकते.

थॉमस एडिसन, जो कि यह दावा करते थे कि आंशिक बहरेपन के कारण वह बेहतर ढंग से सोच सकते थे, का कहना था, ''एकांत में सबसे अच्छी सोच संभव हुई है जबकि कोलाहल में सबसे बुरी.''

गरूड़ अकेला उड़ता है और कौवा कुनबे को लेकर उड़ता है. जानिए कि कैसे अलग होना है और खुद को दूसरों से अलग रखना है. दूसरों से इस कदर भी वास्ता न रखें कि आप खुद के भी न रह जाएं. सच्चाई यह है कि हम सभी अपने में साथ-साथ रहते हैं.

एलेक्जैन्डर ग्राहम बेल ने बड़ी सुन्दर बात कही है, ''हमेशा जनपथ पर ही डटे मत रहो. कभी-कभी घिसे-पिटाए पथ से पीछा छुड़ाकर जंगलों की राह पकड़ लो. यकीन करो तुम्हें वहां ऐसा कुछ मिलेगा जो अभूतपूर्व होगा. एक खोज दूसरी खोज को जन्म देती है. और आपके सोचने से पहले ही आपके दिमाग में कोई महत्त्वपूर्ण चीज़ जगह बना लेगी. सभी महान खोज़ सोच-विचारों का परिणाम होते हैं.'' महान विचार तब आते हैं जब आप स्वयं में अस्तित्वमान होते हैं.

कभी भी इस बात को स्वीकार न करें कि दूसरे लोग आपको आपसे ज़्यादा जानते हैं. महान नेताओं ने हमेशा औसत लोगों के शोरशराबे भरे विरोध का सामना किया है. आपसे सबसे बड़ी गलती यह मान लेने की हो सकती है कि आपकी असफलताओं तथा सफलताओं के लिए दूसरे लोग ज़िम्मेदार हैं. हममें से हर किसी को ईश्वर के सामने अपना हिसाब देना है किसी दूसरे का नहीं.

अलग खड़े होने के सिद्धांत में एक शक्ति है. किसी भी दूसरे से ज़्यादा. इसे आजमाकर देखें.

सफल होने या न होने का अवसर आपके पास है. इसे आपसे तब तक कोई छीन नहीं सकता, जब तक कि आप मौका नहीं देंगे. अलग होने और अलग कदम बढ़ाने का तरीका सीखिए. नहीं तो आप ज़िन्दगी में कुछ भी ख़ास हासिल नहीं कर पाएंगे.

खरा सोना # 68

आप किसी दूसरे व्यक्ति के साथ जितना कम जुड़ेंगे ज़िन्दगी में उतनी ही ज़्यादा तरक्की करेंगे

आप अपने सबसे पक्के दोस्तों और साथियों के रूप में किन्हें चुनते हैं यह आपकी ज़िन्दगी के लिए सबसे महत्वपूर्ण फैसलों में से एक साबित होता है. ''आप आज जो हैं पांच साल बाद भी वही रहेंगे, सिवाय दो चीज़ों के: आपका साथ किन लोगों से है और आप कैसी पुस्तकें पढ़ते हैं (चार्ली ''ट्रिमेन्डस'' जॉन्स). आप भी उन्हीं की तरह बन जाते हैं जिनके साथ रहते हैं.

आपकी ज़िन्दगी में आपके मित्र आपके जीवन भवन के आधार स्तम्भ होते हैं. कई बार वे आपको उठाए रखते हैं; कई बार वे आप पर झुक जाते हैं; कई बार लगता है बस वे किसी तरह खड़े हैं'' (अज्ञात). अच्छा मित्र वह होता है, जो आपको अपनी मूर्खताओं को भुलाने में मदद करता है. अच्छी मित्रता हमारे उल्लास को गुणकों में बढ़ाती और दुखों को विभाजन में घटाती है.

आपके सबसे अच्छे और सच्चे मित्र वो हैं जो आपके सर्वोत्तम का मंथन करते हैं. उनकी संगति में आपका सुधार होता है, संहार नहीं.

अच्छा मित्र आपको कुपथ की राह पर नहीं जाने देगा, बशर्ते आप बेकाबू न हों. जब दूसरे आपका साथ छोड़ जाते हैं, वे आकर आपका हाथ थामते हैं. सच्चा मित्र आपकी जरूरत के समय कहीं और होते हुए भी सदा सहायता के लिए उपलब्ध हैं.

सच्चे मित्र वो हैं जिनकी संगति में आप अपने सही अस्तित्व में रहने का साहस कर सकते हैं, जिनके सामने आप अपने सपने देख सकते हैं. कई बार एक सही व्यक्ति के साथ थोड़ी सी बातचीत बरसों पोथी-बांचने से अधिक मूल्यवान होती है. मेरे लिए सबसे अच्छे मित्र वो हैं जो मेरे अतीत को समझते हैं, मेरे भविष्य पर यकीन करते हैं और मैं जैसा हूं वैसे ही स्वीकार करते हैं.

सच्चे मित्रों से ठीक उल्टे, गलत मित्र आपकी बुराइयों को उभारते हैं, उन्हें और बढ़ाते हैं. ये वो व्यक्ति होते हैं जो; सूर्य की रोशनी को चुराकर खुद जगमगाने का दावा करते हैं. मगर दूसरों के लिए उनके पास सिर्फ दुख ही होते हैं. आपको ज़िन्दगी में ऐसे

बहुत से लोग मिल जाएंगे जो कारण गिना सकते हैं कि आप अमुक काम क्यों नहीं कर सकते हैं... मेहरबानी करके इनकी तरफ जरा भी ध्यान न दें. एक पुरानी कहावत कहती है, ''जो आदमी भरोसे का न हो उस पर विश्वास रखना दुखते दांत से भोजन चबाने और टूटे पैर से चलने के समान है.''

आपका मित्र एक ऐसा इन्सान होता है जो आपके बारे में सब कुछ जानता है मगर फिर भी आपको चाहता है. जेनी चर्चिल की सलाह है, ''अपने मित्रों को अपनी सबसे अच्छी तस्वीरें मानें और उनको सर्वोत्तम रोशनी में रखें. जब दूसरे आपको संकट में देखना पसंद करते हैं दोस्त आपको संकट से उबारना चाहते हैं, दोस्त हृदय के स्तर पर संवाद करते हैं.

बुरी संगति से दूर रहकर बिताया एक एक दिन जैसे किसी सुरम्य वादी का एक दिन है. जहां आप पर ग्रहण की तरह छाए रहने वाले नहीं बल्कि 'छायादार' वृक्ष होते हैं. आपके पास ऐसे मित्र होने चाहिए जिनके गुण गिनने लगें तो सारा दिन निकल जाए. मार्क ट्वेन ने लिखा है, ''ऐसे लोगों से दूर रहिए जो आपकी आकांक्षाओं को कुतरना चाहते हैं. नीच व्यक्ति नीच कर्म ही करते हैं और ऊंचे लोग आपको उच्चता की ओर ले जाते हैं.''

खरा सोना #69

कुछ न करने के खिलाड़ी कहलाने से अच्छा है कुछ करते हुए अनाड़ी कहलाना

कोई भी इन्सान जो इस समय ज़िन्दगी में कुछ भी हासिल नहीं कर रहा है, वास्तव में लगातार असफलता का जोखिम ले रहा है. नाकामयाबी अक्सर सफलता या कामयाबी की दिशा को जानेवाला पहला कदम होता है. अगर हम गिरने का जोखिम नहीं उठाएंगे तो जीवन में सफलता की ओर कैसे कदम बढ़ाएंगे. घुटनों के बल चलनेवाले खाक जिया करते हैं. ''परास्त हो जाने का भय, कभी अपनी राह में मत आने दो'' (बेब रूथ, स्ट्राइक आउट किंग, होमेरन किंग).

जीवन में आप सबसे बड़ी गलती यह कर सकते हैं कि जीवनभर गलती होने के भय से डरते रहें. ''असफलता से मत डरिए. गलती को ढकने की कोशिश में अपनी ऊर्जा को व्यर्थ मत गंवाइए. अगर आप गलती नहीं करेंगे तो आपका विकास भी नहीं होगा.'' एच. स्टेनले जूड की राय है.

कामयाब लोग जब बढ़ना और सीखना बंद कर देते हैं तो इसकी वजह होती है उनकी असफलता का जोखिम उठाने की इच्छा का घटते जाना. असफलता का मतलब देर है अंधेर नहीं. हम सभी गल्तियां करते हैं. मेरा तात्पर्य उन सभी से है जो काम करते हैं. केवल जो लोग कुछ भी आस नहीं करते हैं, उन्हें ही कभी निराश नहीं होना पड़ता.

अचूक होने की कोशिश करना बंद कर दीजिए. अगर आपने कुछ कर दिखाने का गंभीरतापूर्वक निर्णय ले लिया है तो खुद से दृढ़तापूर्वक कहें कि आप यह काम कर दिखाने वाले हैं. यह अपेक्षा मत कीजिए कि यह बिल्कुल अचूकता से होगा. मुझे यह उक्ति बड़ी पसन्द है ''अद्वितीय के चक्कर में रहने वाले अक्सर द्वितीय भी नहीं हो पाते.''

हेनरी वार्ड बीचर ने लिखा है, ''मुझे ये ठंडे, शांत, अचूक लोग कतई पसंद नहीं तो गलत न बोलने के उसूल के कारण बिल्कुल बोलते ही नहीं, और कुछ गलत न हो जाए इस अंदेशे से कुछ करते ही नहीं.'' उत्कृष्टता का आशय और ध्येय भव्य तथा स्वस्थ होना चाहिए, अचूकता की तलाश उबानेवाली, अन उत्पादक तथा वक्त की महज बर्बादी है.

बात यह है कि आपका वज़ूद एक 'टी बैग' की तरह है. आप अपनी शक्ति को तब तक खुद भी नहीं जानते जब तक आपको गर्म पानी में डुबोया नहीं जाता. गल्तियां ऐसी चीज़ हैं जिनसे हम बस एक ही तरीके से बच सकते हैं वो है कुछ न कहना, कुछ न करना और कुछ न होना. ''याद रखिए असफलता के दो फ़ायदे हैं. पहला, अगर आप असफल होते हैं तो आप जानते हैं कि क्या चीज़ काम नहीं करने वाली है; और दूसरा, असफलता आपको एक नया दृष्टिकोण आजमाने का अवसर देती है'' (रोजर वोन ऑच).

कुछ हार केवल जीत की कड़ियां होती हैं. हेनरी फोर्ड का कहना है, ''हर गलती एक मूल्यवान उपलब्धि के लिए अत्यन्त आवश्यक कोई चीज़ हो सकती है.'' कुछ लोग अपनी गल्तियों से सीखते हैं तो कुछ लोग जीवनभर उन्हें दोहराते रहते हैं. यह सीखिए कि अक्लमंदी भरी हार किसे कहते हैं. असफलता से सफलता पाने का कोई सबक सीखिए.''

गलतियां और असफलताएं ऐसे तो पहलू हैं जिनका सफलता की राह में आना अवश्यंभावी है. ''कई लोग सोचते हैं कि सफलता और विफलता एक दूसरे के विपरीत हैं, मगर वास्तव में ये दोनों ही एक ही प्रक्रिया के उत्पाद हैं'' (रॉजन वोन ऑच).

''भले ही आपने कितनी ही गल्तियां की हों, कितनी ही गड़बड़ियां की हों, फिर भी आप एक नई शुरूआत कर सकते हैं. जो व्यक्ति इस बात को जितनी जल्दी महसूस कर लेता है उसे उतनी ही कम हार की पीड़ा और आघात झेलने पड़ते हैं और जल्द से जल्द वह नई शुरूआत कर सकता है'' नॉर्मन विन्सेन्ट पेले.

सफल व्यक्ति असफलताओं से हार नहीं मानते हैं. वे एक असफलता से दूरी असफलता का फासला तब तक नापते रहते हैं जब तक अंतत: सफलता प्राप्त नहीं कर लेते. अपनी सफलता प्राप्ति की रफ़्तार को तेज़ करने का एक तरीका यह है कि अपनी असफलता की रफ़्तार को दुगुना कर लें. असफलता का सिद्धांत सफलता के समस्त सिद्धांतों में से एक अत्यन्त शक्तिशाली सिद्धांत है.

खरा सोना # 70

जब पानी सर तक पहुंचने लगे तो सर ऊंचा करने में ही सलामती है

अपनी 'लक्ष्य भूमि' तक पहुंचने के लिए आपको जरूरत होती है एक ज़ुनून की. हम सभी बाधाओं, समस्याओं और चुनौतियों से गुजरते हैं. हम उनका सामना कैसे करते हैं, उनको क्या जवाब देते हैं और ज़िन्दगी के अहम फैसलों में उन्हें किस दृष्टिकोण के साथ अपनाते हैं, यह बहुत ही महत्त्वपूर्ण होता है. नीतियों की पुस्तक कहती है, ''प्यारे भाई, क्या आपकी ज़िन्दगी मुश्किलों और चुनौतियों से भरी है? तो खुशी मनाओ क्योंकि जब रास्ता पथरीला होता है तब आपका धैर्य विकसित होता है. इसे बढ़ने दीजिए तथा अपनी समस्याओं से मुंह मोड़ने की कोशिश मत कीजिए. और आपका धैर्य अपने पूरे चरम पर होगा तो आप भी कुछ भी करने के लिए तैयार स्थिति में होंगे. आपका चरित्र मजबूत, परिपूर्ण तथा विशाल होगा.''

जिस इन्सान की ज़िन्दगी में बीस चुनौतियां होती हैं वह दस चुनौतियों वाले आदमी की तुलना में दुगुना जिंदादिल होता है. आपको घुटनों के बल बैठ कर ईश्वर से पूछना चाहिए, ''हे प्रभु क्या तुम्हें मुझ पर इससे ज़्यादा भरोसा नहीं था'' अगर ज़िन्दगी में समस्याएं हैं तो इसका मतलब यह तो नहीं कि ज़िन्दगी दयनीय ही है. क्यों? क्योंकि समस्याओं पर लगातार आपकी विजय सफलता की सीढ़ी बन जाती है. समस्याओं के लिए ईश्वर को धन्यवाद दें क्योंकि अगर वे कम मुश्किल होती तो कोई कम योग्यतावाला व्यक्ति आपके सपने को देखने की इच्छा रखता.

''एक सफल व्यक्ति की ज़िन्दगी में ऐसा कोई दिन नहीं आता जब नई समस्याएं आकर दस्तक नहीं देती तथा वह उनसे बढ़िया तरीके से नहीं निपटता है'' (लॉरिस नॉर्स्टेड). जेम्स बिल्के का यह मानना है कि, ''अगर आपकी ज़िन्दगी से तनाव, दबाव और अनुशासन को ले लिया जाए तो आप वह व्यक्ति कभी नहीं पाएंगे जो आप बन सकते हैं.'' अस्थायी हारों को अपने सिर पर बैठने की जगह मत दीजिए. अगर कुछ मुश्किल झटके लगने वाले हैं तो उनको झेलने की हिम्मत जुटाइए. घबराइए नहीं. आप कम से कम लीक पर तो नहीं चल रहे हैं. हालात आपके हाकिम तो नहीं.

एक आदमी का स्तर आप हमेशा इस बात से माप सकते हैं कि उसे हतोत्साहित करने के लिए कितने विरोध की आवश्यकता पड़ती है. जब पानी सर तक पहुंचने लगे तो सर ऊंचा करने में ही सलामती है. ऊपर रहकर ही आप ज़िन्दा रह सकते हैं नीचे रहकर नहीं. बर्नेई सैगल ने लिखा है, ''हमारे पथ की बाधाएं हमारी ज़िन्दगी को विचलित करने वाली घटनाएं हो सकती हैं जो कई बार बड़ी भयावह लगती है, मगर अंत में हमारी ज़िन्दगी को एक दिशा देती है.''

सच यह है कि अगर आपने एक ऐसा पथ पा लिया है जिसमें कोई बाधाएं नहीं हैं तो संभवत: यह पथ किसी महत्वपूर्ण स्थान को नहीं जाता है. प्रतिकूलता में अवसरों के द्वार खुलते हैं.

''बताइए अवरोध और अवसर के बीच फ़र्क क्या है ? बेशक, हमारा रवैय्या, हमारा इसके प्रति दृष्टिकोण. प्रत्येक अवसर में एक असुविधा होती है और हर असुविधा के पास एक अवसर होता है.'' यह राय है जे सिड्लो बाक्सटर की. लो होल्ट्स का कहना है, ''मुझे एक ऐसा शख्स दिखवाइए जिसमें कोई खास बात हो, मैं आपको ऐसा आदमी दिखाऊंगा जिसने प्रतिकूलताओं को जीता है.'' कई लोगों के इरादे तो नेक होते हैं, मगर बीच में मुसीबतें आती हैं और वे वहीं थम के रह जाते हैं. हर रास्ते में कीचड़ होता है, मगर वह कीचड़ हमें बताता है कि हमें कहां कदम रखना है.

याद रखिए, यात्री के लिए यात्रा तभी उपयोगी है जब वह सही राह पर चल रहा हो. अगर आप बस यह महसूस कर लेते हैं कि रह मुश्किल है तो आपके लिए ज़िन्दगी आसान हो जाएगी, नॉर्मन विन्सेन्ट पेले का कहना है, ''हर समस्या के अन्दर उसके समाधान का बीज मौजूद है. अगर आपके पास समस्याएं नहीं हैं तो आपको बीज नहीं मिलेंगे.'' बाधाओं, अवरोधों पर गौर से देखिए, वे आपके लिए अवसरों के शिखर हैं. ज़िन्दगी को जोश से जियो ताकि कभी कह सको, ''धन्यवाद ईश्वर, तुमने मुझे चुनौतियों से भरी ज़िन्दगी दी.''

खरा सोना #71

जब आप परिवर्तन से गुजरते हैं, संवरते हैं

जब आप परिवर्तन से गुजरते हैं आप संवरते हैं. ज़्यादातर लोगों की ज़िन्दगी में बढ़ना इसलिए रूक जाता है क्योंकि वे परिवर्तनों के इच्छुक नहीं होते.

इन्सान तीन श्रेणियों में बंटा हुआ है: (1) जो बदले नहीं जा सकते. (2) जो परिवर्तनीय हैं तथा (3) जो परिवर्तनों को जन्म देते हैं. ''लीक पर चलनेवाले लोगों के लिए परिवर्तन हमेशा बहुत ही मुश्किल काम होता है. जो व्यक्ति अपने जीवन को सुख-सुविधाओं तथा आराम के दायरे में ढाल लेता है और किसी ऐसे परिवर्तन या चुनौती का स्वागत नहीं करता जो उसे आगे ले जा सके, वह बस वहीं रूका रह जाता है'' सी. नील. स्ट्रेट

अगर आप खुद को किसी गड्ढे में पाएं तो, मिट्टी न खोदें. जब चीज़ें गलत होती प्रतीत हों तो उसी को जारी रखने की गलती न करें. जिद्दीपन और परिवर्तन से विमुखता मूर्खों की रणनीति होती है.

''जो नये उपचारों, राहतों को लागू नहीं करेगा उसे बुराइयों को स्वीकार करना पड़ेगा'' यह फ्रांसिस बेकन का ख्याल है. सुरक्षा के साथ रहना इस दुनिया में संभवत: सबसे असुरक्षित चीज़ है.

खड़े रहने से काम कहां चलता है. आपको कदम आगे बढ़ाना होगा और उन तालमेलों के प्रति उदार होना होगा जो आपको सुधारते-संवारते हैं. इस दुनिया के सबसे असंतुष्ट लोग वे हैं जो परिवर्तन से भयभीत रहते हैं.

कई बार दोहराया गया है : अंडे को तोड़े बिना आप ऑम्लेट नहीं बना सकते. दक्षता अपने आप परिवर्तन में परिणत होती है. एक परिवर्तन दूसरे को राह दिखाता है और हमें आगे बढ़ने का अवसर देता है. आपको परिवर्तन से महा परिवर्तन की दिशा में बढ़ना चाहिए.

परिवर्तन के प्रति आपका व्यवहार उदार होना चाहिए. क्योंकि जब-जब अनुभव की पाठशाला की पढ़ाई आप पूरी करेंगे, वहां आपको परिवर्तन का अनुभव प्राप्त करना ही होगा.

परिवर्तन का दामन थामें, मगर रूकें नहीं. वह व्यक्ति सुखी है जो अपनी मान्यताओं या विश्वासों से समझौता किए बिना परिस्थितियों से तालमेल करना जानता है. बाहें फैलाकर परिवर्तन को स्वीकार करो, मगर अपने मूल्यों को मत छोड़ो.

बहुत से लोग विफल इसलिए होते हैं क्योंकि उनमें अपनी विफलताओं का स्थान लेने के लिए नये विचारों और योजनाओं का अभाव होता है. आपकी वृद्धि–विकास का बहुत सा दारोमदार परिवर्तन का अनुभव करने की इच्छा पर होता है.

आप परिर्वतन के लिए निर्मित किए गये होते हैं. आप एक अटूट चट्टान नहीं है. किसी भी बिंदु पर, किसी भी उम्र पर हम सभी परिवर्तन के कायल होते हैं. किसी भी काम उसी तरीके से मत करते रहें जिस आप तरीके से आप हमेशा करते आए हैं. परिवर्तन लाइए. यह आपको नये अवसर दिलाएगा. जहां बदलाव नहीं, वहां ठहराव है यानी एक जकड़न... जड़ता.

खरा सोना # 72

हमारी दिल की आवाज़ होनी चाहिए: मुझे अदम्य इच्छाशक्ति और दृढ़ता दो

हर महान उपलब्धि के लिए समय और दृढ़ता की आवश्यकता होती है. धुन के पक्के रहिए क्योंकि सफलता का द्वार शायद अंतिम कुंजी से ही खुले. प्रतियोगिता में एक सेकेण्ड का बेहतर प्रदर्शन आपको विजेता बना सकता है. महत्त्वपूर्ण, मुश्किल कामों को पूरा करने की ख्याति अर्जित कीजिए.

सभी जानते हैं एक छोटे से बीज में विशाल बरगद का अस्तित्व छिपा रहता है. अवसर को बहुत समय थामे रखना उसे जल्द ही गंवा देने जैसा हो सकता है.

डॉन बी. ओवन्स जूनियर ने अपनी बात बड़ी खूबसूरती से कही है: ''जीवन में बहुत से लोग इसलिए असफल होते हैं क्योंकि वे इस कहावत पर विश्वास करते हैं: ''अगर आप कामयाब नहीं होते हैं तो कुछ और कोशिश करें. लेकिन कामयाबी उन लोगों से चार हाथ के फांसले पर ही रहती है जो ऐसी सलाह पर चलते हैं. उन लोगों के सपने कामयाब हुए जो अपनी महत्त्वाकांक्षाओं पर अडिग रहे. जिन्होंने हतोत्साहित होने से मना कर दिया. जिन्होंने निराशा को कभी खुद पर हावी नहीं होने दिया. चुनौतियों ने जिन्हें हमेशा और ज़्यादा मेहनत करने के लिए उकसाया.''

अगर आप किसी काम को शुरू करके उसे रोक देने को उतावले हो उठते हैं तो जरा ब्राहमस की स्थिति पर गौर कीजिए जिसे अपनी प्रख्यात लोरी को कम्पोज़ करने में सात साल लग गये, क्योंकि पियानो पर बैठते ही उसे नींद आ जाती थी (मज़ाक को गंभीरता से मत लीजिए, मगर यह सच है उसे सात वर्ष से ज़्यादा लग गये थे). मैं वूड्रो विल्सन की इस बात से पूरी तरह सहमत हूं ''मैं उस कारण के लिए असफल होना पसंद करूंगा जो अंततः मुझे सफलता की ओर ले जाए, बनिस्बत इसके कि ऐसे कारण के लिए कामयाब कहलाऊं जो आखिर में मुझे नाकामयाबी दे.'' तकरीबन सभी नाकामयाबियों का एक ही कारण था, लोगों ने हाथ झाड़ लिए. सफलता की कील ठोंकने के लिए लगातार हथौड़ा चलाना पड़ता है.

ज़्यादातर लोग यह कल्पना ही नहीं कर पाते हैं कि जब उन्होंने हार मान कर काम छोड़ दिया तब वे सफलता के कितने नज़दीक थे. हैरियत बीचर स्टोव ने लिखा है, ''जब आप बड़ी मुश्किल स्थिति में पहुंच जाएं और ऐसा लगने लगे कि अब और एक

पल भी यहां रहना संभव नहीं, तो कभी भी उस जगह को न छोड़ें क्योंकि सफलता की लहर के आने का समय हो गया है. अब आपको ज़्यादा इंतज़ार नहीं करना पड़ेगा.''

सफलता की राह चढ़ावदार होती है. इसलिए रफ़्तार की रिकॉर्ड तोड़ने की इच्छा मन में न लाएं. उतावलापन महंगा पड़ता है. ज़्यादातर लोग इसलिए नाकामयाब होते हैं क्योंकि वे उतावले होते हैं और अंतिम पड़ाव तक पहुंचने से वंचित रह जाते हैं.

''एक समर्पित व्यक्ति अपने जंग लगे इकलौते रेंच से भी वह सारे काम कर सकता है जो एक निठल्ला औजारों की पूरी दुकान साथ लेकर भी नहीं कर सकता.'' रूपर्ट ह्यूज्स की इस बात में दम हैं. हर हालत में मैदान में डटे रहना विजेता का विशेष गुण होता है. हिम्मत से भी बड़ी बात है डटे रहना. असंभव और संभव के बीच का आसान सा फर्क मिटा सकता है किसी व्यक्ति का संकल्प.

सफलता का असली अर्थ है कुछ हासिल करने के लिए लगे रहना, जुटे रहना– जब कि वह हाथ में न आ जाए. हीरे की बात सुन सको तो जान जाओगे कि कोयले से कोहिनूर बनना सिर्फ दबाव झेलने और धैर्य दिखाने की कहानी है.

खरा सोना #73

हमारे साथ नहीं बल्कि हमारे अंदर जो होता है वह मायने रखता है

एक अक्षम्य जीवन जीना कुछ इस तरह है जैसे कि आप पार्किंग ब्रेक लगाकर अपनी कार को चलाएं. ऐसे में आपकी कार चलती नहीं घिसटती है. इससे आपकी रफ़्तार कम होती जाती है. यह ऐसी महंगी अय्याशी है जो आपके लिए अक्षम्य साबित हो सकती है. आपके मन में दुर्भावना की गांठ पैदा हो चुकी है तो समझ लीजिए आपके मन का चैन गया. यह उस कैन्सर के कीड़े की तरह है जो आपके जीवन के महत्वपूर्ण अंगों के कुतर जाता है. जिस आदमी के मन में दुर्भावनाओं और घृणा ने बरसों से बसेरा कर रखता है, वह सचमुच दया का पात्र है.

अगर आपको दूर का सफर करना है और जल्दी पहुंचना है तो हल्के होकर सफर कीजिए. अपनी घृणा, ईर्ष्या, पालन, नफरत, बदले की भावना और डर को छोड़ दीजिए. क्षमा करने के मौके को कभी हाथ से न जाने दें. कमजोर आदमी कभी भी दूसरों को क्षमा नहीं कर सकते, क्योंकि क्षमा शक्तिशाली व्यक्ति का गुण है. लारेन्स स्टर्न का कहना है, ''केवल बहादुर आदमी क्षमा करना जानता है, कमजोर किसी को कभी क्षमा नहीं कर सकता; यह उसकी फितरत में नहीं है.''

अगर आप एक अक्षमाशील ज़िन्दगी जीते हैं, तो बदले की भावना स्वाभाविक रूप से आपके साथ हो लेगी. बदला धोखेबाज होता है. दिखता मीठा हैं मगर होता कड़वा है. गलत को झेलने की तुलना में उसको सबक सिखाना कहीं ज़्यादा महंगा पड़ता है. आप हिसाब बराबर करने की भावना रखते हुए किसी का दिल नहीं जीत सकते.

क्षमा करने में सदा अग्रणी रहें, आग्रही रहें. क्षमाशीलता आपकी एक नितान्त आवश्यकता है तथा सशक्त उपलब्धि है. क्षमाशीलता के बिना जीवन बदले और पछतावे के अनन्त भंवरों का खेल है. जोहान लेवाटर का कहना है, ''जिस व्यक्ति ने अपने शत्रु को क्षमा नहीं किया, उसने जीवन के एक सबसे सुन्दर आनन्द की अनुभूति नहीं की है.'' क्षमाशीलता मन की शांति की कुंजी है. क्षमाशीलता आपको बंधन मुक्त करती हैं. व्यापकता का बोध कराती है.

सुखद, सुदीर्घ और सार्थक जीवन का एक सूत्र है कि हर रात सोने के पहले आप हर गलत व्यक्ति को क्षमा कर दें. गलती करने वाले व्यक्ति को क्षमा करना आपकी

व्यक्तिगत शांति के लिए आवश्यक है. पीटर वॉन विन्टर ने कहा है, ''दण्डित करना मनुष्य का स्वभाव है लेकिन क्षमा करना ईश्वरीय गुण है'' जब आपके कंधे पर भारी बोझ होता है तो आपका संतुलन डगमगाने लगता है. जब आप दुर्भावनाएं पालना बंद कर देते हैं, ये जड़ से सूख जाती हैं. क्षमाशीलता एक अद्‌भुत चीज़ है. यह हृदय को गर्मी देती है और जलन को ठंडा कर देती है.

क्षमा करना और भूल जाना घृणा करने और कुढ़ते रहने से लाख गुना अच्छा है. जॉश बिलिंगूस की मान्यता है, ''किसी भी बदले में उतनी पूर्णता नहीं हो सकती, जितनी कि क्षमाशीलता में है.'' रिचर्ड निक्सन का कहना है, ''आप जिनसे नफरत करते हैं उन्हें तब तक नहीं जीत पाते जब तक नफरत करते हैं और इस प्रकिया में आप खुद को ही नष्ट करते हैं.'' यह सच्चाई है: क्षमा न करके आप दुआओं के द्वार बंद करते हैं, क्षमा करके दुआओं के द्वार खोलते हैं.

क्या आप अपने अतीत से मुक्त होना और भविष्य पर दावा करना चाहते हैं? पॉल बॉयस की बात पर गौर फरमाइए, ''क्षमाशीलता आपके अतीत को बदल नहीं सकती, मगर भविष्य को व्यापक करती है.'' सही रात पर चलते हुए भी आप किसी के प्रति क्षमाशील न होने की गलती कर सकते हैं.'' सही होने का लंबा दावा यह साबित करता है कि आप गलत हैं'' (एक यीडिश कहावत).

पुलों को मत जलाइए. न जाने कितनी बार आपको उन्हीं नदियों के ऊपर से गुजरना पड़ेगा. अक्षमाशीलता एक खोखली चीज़ है मगर क्षमाशीलता में भविष्य का अस्तित्व है. आपके हर दिन की शुरूआत एक सही शुरूआत होगी जब आप रोज़ाना खुद से यह पूछेंगे, ''आज मुझे किसे क्षमा करना है?''

खरा सोना # 74

छत्ते में हाथ नहीं डालेंगे तो शहद कैसे मिलेगा

''चांद को छूने की तमन्ना रखिए. अगर आप इसमें चूक भी गये तो सितारे तो हाथ आएंगे ही'' (लेस ब्राउन). आप और मैं रबर बैंड की तरह हैं. जब हमें खींचा जाता है तभी हम अपनी असली उपयोगिता साबित करते हैं

आपको उपलब्धियां उसी अनुपात में मिलती हैं, जिसमें आप कोशिश करते हैं. अगर आपकी उपलब्धियां मामूली हैं तो मतलब यही है कि आपने कोशिशें भी कम की हैं.

''वजह यह नहीं है कि काम मुश्किल होते हैं. इसलिए हम हिम्मत नहीं करते; वजह यह होती है कि हम हिम्मत नहीं करते इसलिए काम मुश्किल होते हैं'' (सेनेका). असंभव की परिभाषा है: वह काम जिसे कोई नहीं कर सकता है, तब तक जब तक कि कोई न कर डालें. कभी नहीं कदापि न कहना. बड़प्पन के लिए आपको बड़ी सोच अपनानी होगी.

सच यह है कि असंभव को कर दिखाना हंसी–खेल का काम है. जब हम सुरक्षा की राह चुनते हैं तो असुरक्षा का वातावरण तैयार करते हैं. इसलिए चीज़ों को ऐसी नज़र से देखें.... कि उनको किया जा सकता हो.

अपनी प्रतिभाओं को आप तब तक नहीं पहचान पाएंगे जब तक असंभव को करने की कोशिश नहीं करेंगे. जोखिम हर सफलता की योजना का अंग होता है. ''औसत दिमाग के लोग आमतौर पर अपनी समझ से ऊपर की किसी चीज़ को देखते ही खारिज़ कर डालते हैं'' (रॉच फोकॉल्ड).

कैल्विन कॉलिज़ ने कहा है, ''हमें ज़्यादा बौद्धिक शक्ति की जरूरत नहीं है, हमें जरूरत है ज़्यादा आध्यात्मिक शक्ति की. हमें उन चीज़ों की जरूरत नहीं है जो देखी जाती है, हमें उन चीज़ों की ज़्यादा जरूरत है जो दिखाई नहीं देती. फिलीप्पीन के

लोगों की नीति पुस्तक में लिखा है, ''ईश्वर ने मुझे जो भी काम सौंपें हैं मैं ईसा की मदद से उन्हें पूरा कर सकता हूं, जिसने मुझे शक्ति और सामर्थ्य दी है.''

ज़रा सोचिए आप किस रूप में जोखिम उठाना चाहेंगे. हर किसी के पास जोखिम मसल है जिसे सही रूप में रखने का तरीका है. बार–बार अभ्यास और नई–नई चीज़ें आजमाना. चबाने से ज़्यादा कुतरिए.

''जो लोग जोखिम लेते हैं उनसे आप हार सकते हैं'' (जॉन स्कूली) ''अक्सर असफल होने वाले व्यक्ति वे लोग होते हैं जो अपने मापदण्डों को अक्सर बहुत नीचा रखते हैं. चुनौती की डोर को ऐसी सुरक्षित जगह पर रखते हैं कि आपके विफल होने की कोई गुंजाइश ही न रहे.

बड़े जहाज के लिए हमेशा गहरे पानी की जरूरत होती है. अगर आप किसी चीज़ के लिए हिम्मत नहीं दिखाएंगे तो कुछ हासिल भी नहीं होगा. प्रगति पथ पर हमेशा खतरे होते हैं. दूसरी सीढ़ी पर चढ़ने के लिए पहले पर कदम रखना जरूरी है. जो हिम्मत नहीं दिखाता है, वह कुछ भी नहीं पाता है.

खरा सोना #75

कुछ पाने से पहले कुछ देने की सोचो

कोई भी इस बात की परवाह नहीं करेगा कि आप कितना जानते हैं जब तक कि वह यह नहीं जानेगा कि आप कितनी परवाह करते हैं'' (जॉन कैसिस). ज़िन्दगी की तुलना आप टेनिस के खेल के कर सकते हैं. जो अच्छी सर्विस नहीं करेगा वो हारेगा.

एक आदमी ने डॉ. कार्ल मेनिन्जर से पूछा, ''मानसिक संताप से गुजरते व्यक्ति को क्या आप सलाह देंगे?'' ज़्यादातर लोग इस उत्तर की अपेक्षा करेंगे. ''किसी मनोचिकित्सक को दिखाओ.'' लेकिन ऐसे समस्त लोगों को चौंकानेवाला उनका उत्तर था. ''अपने घर पर ताला लगाओ, रेल पटरी के किनारे–किनारे चलते जाओ और कहीं कोई जरूरतमंद मिल जाए तो उसकी मदद करो.''

''जो ज़िन्दगी दूसरों के काम न आए, उसका कोई मूल्य नहीं. आत्मकेन्द्रित ज़िन्दगी खोखली होती है'' (मदर टेरेसा). अगर आप अपनी ज़िन्दगी के ठर्रे से नाखुश हैं तो इसमें एक *सर्विस* स्टेशन की स्थापना कीजिए. अपनी तकलीफों को भूलने का एक अच्छा तरीका है दूसरों को तकलीफों से उबरने में मदद करना.

दूसरों की सेवाएं बिल्कुल निष्फल नहीं होती हैं, क्योंकि यहां सेवा देने वाला हमेशा बदले में कुछ न कुछ पाता है. एक कहावत कहती है, ''दयालु व्यक्ति का दिल हमेशा बढ़ता रहता है और निर्दयी का दिल सिकुड़ता रहता है.'' कभी सोचिए, इस दुनिया से विदा लेते हुए आप अपनी ज़िन्दगी से क्या सवाल पूछना चाहेंगे. नाथन शायफर का कहना है, ''सवाल यह नहीं होगा कि 'आपको क्या मिला?', बल्कि यह होगा कि 'आपने क्या दिया?' यह नहीं होगा कि 'आपने क्या जीता?' बल्कि यह होगा कि 'आपने क्या किया?' यह नहीं होगा कि 'आपने क्या बचाया?' बल्कि यह होगा कि 'आपने क्या त्याग किया?' यह होगा कि आपने कितना प्यार और सेवा की? यह नहीं होगा, 'आपको कितना सम्मान मिला?'

''स्वार्थपरता मानव जाति के लिए सबसे बड़ा अभिशाप है'' (डब्ल्यू.ई.ग्लैडस्टोन). अपने हित में ही सोचना एक ऐसी आग है जो पहले दूसरों को जलाती है फिर आपको राख करती है.

स्वार्थ ही हमारे लगभग सभी दुखों, अप्रसन्नताओं का मूल कारण है. इसलिए, यह सोचना बंद करो कि आपको क्या चाहिए, यह सोचना शुरू करो कि दूसरों को क्या चाहिए. यह बात बिल्कुल सही है कि जब आप दूसरों की सफलता में मददगार बनते हैं तभी सबसे ज़्यादा सफलता प्राप्त करते हैं.

''ज़िन्दगी की माप वर्षों में नहीं होती, बल्कि किए गये सत्कमों से होती हैं. सेवा हर किसी को महानता की राह दिखाती है'' पीटर (मार्शल). सेवाभावना की ज़िन्दगी एक सार्थक ज़िन्दगी कहलाती हैं.

''मैं एक बात जानता हूं, जिन लोगों के दिल में और कर्म में सेवा भावना है, वे सचमुच सुखी लोग हैं'' (अल्बट श्वेट्ज़र). आप अपनी सहायता के बिना दूसरों की सहायता हर्गिज़ नहीं कर सकते हैं.

सेवा के बिना महानता पाने की कल्पना मूर्खता है. आप जब एक अपने हृदय और बाहों को फैलाएंगे नहीं. कुछ भी महत्त्वपूर्ण हासिल नहीं कर पाएंगे. सेवा की जमीन पर खुशियों के फूल खिलते हैं. खुशियां खुशबू की तरह होती हैं. जब दूसरों के साथ बांटी जाती है, माहौल खुशनुमा हो जाता है.

खरा सोना #76

तुलना से कुछ भी साबित नहीं होता

मार्टिन लूथर के अनुसार–''प्रत्येक व्यक्ति को दो काम अकेले ही करने चाहिए, जिस काम को करने में विश्वास हो उसे पूरी लगन के साथ करना तथा अपने द्वारा किए गए गलत कार्यों के लिए स्वयं को ज़िम्मेदार ठहराना.'' जब आप अपनी तुलना औरों के साथ करते हैं तो अपना दिमाग व्यर्थ में खराब करते हैं क्योंकि संसार में हमेशा ऐसे ही लोग होंगे जो या तो आपसे बेहतर होंगे या फिर आपसे खराब.

दूसरों से अपनी तुलना करना व्यर्थ में तनाव को जन्म देता है. दूसरों का सिन्दूर देखकर आप अपना माथा नहीं फोड़ सकते या फिर जैसा कि जोन वेल्च ने कहा है, ''पड़ोसियों के खेत के पत्थर गिनते हुए आप अपनी खेती पर ध्यान नहीं दे सकते है.'' लुईस कोरी के अनुसार, ''चहारदीवारी के उस पार घास की कटाई बाकी हो तो भी चूंकि वह किसी और की है अत: हरी ही लगती है.'' कहने का तात्पर्य यह है कि दूर के ढोल सुहावने ही लगते हैं.

अपने जीवन की तुलना औरों के जीवन से करना समय और शक्ति की बरबादी करना है. अगर आप उसकी तुलना औरों से न करें तो जीवन मस्ती से भरपूर है . दूसरा किसी कार्य को कैसे कर रहा है यह सोचे बगैर अगर आप उस कार्य को बेहतरीन ढंग से करने का प्रयत्न करेंगे तो सही मायनों में सफल कहलाएंगे.

सफलता या विफलता आपके स्वयं के भीतर होती है. यह बाहरी शर्तों या स्थितियों पर निर्भर नहीं होती. किसी और को जीवन में कितनी सफलता मिलती है उससे आपको मिलने वाली सफलता के अवसरों में कोई कमी नहीं आती.

अर्ल नाइटिंगल की तरह खुद से यह प्रश्न पूछिए ''आप किस बात से उत्साहित होते हैं – अपने स्वयं के जीवन से वाकई आप क्या चाहते हैं, इस बात से या फिर दूसरे लोग अपने–अपने जीवन से क्या चाहते हैं, उस बात से ?'' तय कीजिए कि वाकई आप क्या चाहते हैं न कि दूसरा आपसे क्या चाहता है. क्या आप ऐसा कहते हैं कि–''मैं अच्छा तो हूं लेकिन उतना नहीं जितना असल में होना चाहिए,'' या फिर

आप तुलना करते हैं और कहते हैं, ''मैं अन्य बहुत से लोगों के मुकाबले में उतना तो बुरा नहीं हूं?''

जितना ही आप दूसरों की कमजोरियों के बारे में सोचते रहेंगे उतना ही अपने मस्तिष्क को व्यर्थ के दुख से भरेंगे. खुद के लिए स्वयं व्यवस्था तैयार करें, योजनाएं बनाएं नहीं तो कोई और आपके लिए ऐसा करेगा और व्यर्थ के चक्रव्यूह में आप घिर जाएंगे. दूसरों की ज़िन्दगी में अच्छा या बुरा जो भी हो रहा है उससे इस बात पर कोई भी असर नहीं पड़ता कि आप अपनी ज़िन्दगी में क्या कर रहे हैं. यदि मैं अपनी तुलना जॉन ग्रिशम से करूं, तो मैं कभी कोई दूसरी पुस्तक नहीं लिख सकता, लेकिन अगर मैं अपनी तुलना एडॉल्फ हिटलर से करूंगा तो मैं सोचूंगा मैं साधु हूं.

यह मत सोचिए कि चूंकि इस राह पर हजारों लोग चल चुके हैं इसलिए आप भी सही रास्ते से ही गुजर रहे हैं. जीवन का सबसे बड़ा जोखिम है अपनी सुरक्षा और संतुष्टि के लिए चुपचाप इंतजार करना तथा दूसरों पर निर्भर करना. दूसरों से कभी अपनी तुलना मत कीजिए, दूसरों की नज़रों से कभी स्वयं को मत तौलिए.

खरा सोना # 77

जहां तक हो सके लोगों को ऊपर उठाइए उन्हें नीचे मत गिराइए

ऐसे अवसरों की तलाश करना जो आप दूसरों के ऊपर निवेश कर सकते हैं आपके निर्णयों में से सर्वाधिक उत्तेजक निर्णय साबित हो सकता है. मेरे लिए मेरी ज़िन्दगी का यह एक अत्यंत शक्तिशाली सिद्धांत रहा. लगभग दस वर्ष पूर्व, मुझे याद है मैं अपने परिवार के साथ सेंट लुईस, मसूरी से तुलसा ओकलाहोमा जा रहा था. मैं जिग जिगलर का टेप सुन रहा था जिस में उसने कहा – ''अगर आप दूसरे से क्या चाहते हैं, उसे पाने में उनकी मदद करेंगे तो आपको जीवन में वह सब कुछ मिलता रहेगा जिसकी आप कामना करेंगे.'' जब मैंने यह सुना तो मुझे अपने भीतर कुछ अजीब–सा महसूस हुआ और मैं जोर से यह कह उठा – ''मैं अब ऐसा ही करूंगा.'' ऐसे तरीकों की खोज करना जिससे दूसरों की मदद हो सके, ऐसे संबंधों में निवेश करने जैसे निर्णय ने मेरे जीवन को पूरी तरह बदल डाला.

मैं इस बात में विश्वास रखता हूं कि सच्ची महानता वही है जो दूसरों में महानता विकसित करें. विलियम वार्ड के अनुसार, ''एक भरपूर खुशहाल ज़िन्दगी के लिए तीन चीज़ों पर ध्यान देना जरूरी है – दूसरों का ख्याल रखना, दूसरों की मदद के लिए चुनौतियों का सामना करना और दूसरों के साथ हर चीज़ को मिल बांट कर जीवन बिताना.''

मैंने महान व्यक्तियों में एक अजीब परिदृश्यता को हमेशा पाया है. उनकी महानता सिर्फ उन तक ही सीमित नहीं रहती बल्कि वह उनमें से बहती हुई दूसरों में समा जाती है. नार्यन मैकएवान के अनुसार, ''हम दूसरों को क्या देते हैं इससे हमारा जीवन चलता है न कि हमें क्या मिलता है उससे.'' अपने जीवन का उद्देश्य दूसरों को खुशियां बांटने व उन्हें सफल बनाने में लगाइए.

आप लोगों को जैसा बनने के लिए उत्साहित करेंगे वे वैसा ही बनेंगे. राल्फ वाल्डो एमर्सन के अनुसार, ''लोगों पर विश्वास रखिए और वे भी आपके लिए सही साबित होंगे, उन्हें महान समझिए और वे महान बनकर दिखलाएंगे.'' गोथे ने सलाह दी, ''लोगों को ऐसा समझिए जैसा उन्हें होना चाहिए और उन्हें ऐसा बनने में मदद कीजिए जैसा बनने के वे योग्य हैं.''

किसी भी चीज़ की प्रशंसा करो तो हमारी ही बढ़ोत्तरी होती है. मनुष्य के पूरे जीवनकाल में इस निवेश से बड़ा और कोई निवेश नहीं है जो दूसरों को उनमें सुधार लाने में मदद करता है. बी.सी. फोर्ब्स के अनुसार, ''विनम्रता से उच्च सेवाएं प्रदान करने वाले व्यक्ति को उसी तरह से उच्चतर ज़िम्मेदारियों के योग्य समझा जाएगा जिस तरह से बाइबिल में उल्लिखित उस गुलाम को दस शहरों का बादशाह बना दिया गया था जिसने अपने मालिक द्वारा दिए गए एक पाउण्ड को कई गुना बढ़ा दिया था.

संसार में दो तरह के लोग हैं – एक वे जो कक्ष में प्रवेश करते ही कहते हैं, ''लो मैं आ गया!'' और दूसरे वे जो अंदर आकर कहते हैं, ''आह, तो आप यहां हैं?'' आप एक अच्छे व्यक्ति को कैसे पहचानेंगे? एक अच्छा व्यक्ति दूसरों को भी अच्छा बना देता है. दूसरों को खुशियां पाने में मदद करेंगे तो आपको खुशियां खुद–ब–खुद मिल जाएगी.

किया गया एक अच्छा कार्य कई अच्छे कार्यों को जन्म देता है. आप दूसरों के रास्तों को रोशनी से भरेंगे तो आपका खुद का रास्ता भी तो रौशन होगा. दूसरों में महानताओं को विकसित कीजिए.

एलॉन मैकगिनीस के अनुसार, ''किसी की सहायता करने किसी को सफल बनने में मदद करने से बढ़कर महान कार्य इस दुनिया में और कोई नहीं है.'' नेल्सन हेंडरसन ने कहा है, ''जीवन का उद्देश्य ऐसे पौधे लगाने में है, जिनकी छाया में आप स्वयं न बैठकर दूसरों को बैठा देखना चाहते हों.'' आपके जीवन की सार्थकता तभी है जब उससे औरों को मदद पहुंचती हो. जन मैककीथन के अनुसार, ''अगर आप स्वयं न जीत सकते हों तो अपने से आगे वाले को रिकॉर्ड तोड़ने दें.'' दूसरों में निवेश करें. इससे भरपूर लाभांश मिलता है.

खरा सोना #78

अपनी कठिनाइयों के लिए आप स्वयं ज़िम्मेदार हैं कोई और नहीं!

जीतने का पहला नियम है – खुद से मत लड़ो. आपका सबसे बड़ा शत्रु आप खुद हैं. क्या आपने डीविट एल.मूडी की तरह कभी ऐसा महसूस किया है, ''मैं कभी ऐसे आदमी से नहीं मिला जिसने मुझे इतनी तकलीफ दी हो जितनी मैंने स्वयं को दी है.'' पहली और सबसे अच्छी विजय वह है जो आपको स्वयं को जीतकर मिलती है.

बहुत बार दृश्य बदलने से अच्छा स्वयं को बदलना होता है. केवल आप ही अपने आपको रोक सकते हैं और दूसरा कोई नहीं.

अपनी अंतर्आत्मा से बात कीजिए. नीडो क्यूबीन ने कहा है, ''अगर आप अपने मार्ग में आने वाली बड़ी से बड़ी बाधाओं को दूर करना चाहते हैं तो यह समझ लीजिए कि सबसे बड़ी बाधा तो आप हैं और अब वह समय आ गया है जब आपको इस बाधा को दूर करने की दिशा में प्रयास करना आरंभ कर देना चाहिए.''

आप अपने आपको वैसा समझना शुरू कर दीजिए जैसा आप बनना चाहते हैं. एडगर गेस्ट ने कहा है, ''अपने में अपनी तलाश शुरू कर दीजिए. आप जैसा बनना चाहते हों वैसा स्वयं को बदलिए. नार्मन कजिन्स के अनुसार, ''कोई भी इतना पूर्ण या जानकार नहीं है कि निराशावादी बना जाए.''

स्टीव एलन की यह बात हमेशा याद रखिए, ''अधिकांश समस्याओं के साथ अच्छाई यह है कि वे हमारी कल्पनाओं में जन्म लेती हैं.'' भय सिर्फ आपके भीतर है और कहीं भी नहीं.

कई महत्वपूर्ण लड़ाइयों का सामना हम अपने भीतर ही करते हैं. हमारे भीतर दो शक्तियां हमेशा आपस में लड़ती रहती हैं. एक कहती है, ''आप ऐसा कर सकते हैं!'', और दूसरी कहती है, ''आप ऐसा नहीं कर सकते.'' मैथ्यू की पुस्तक से सीख लीजिए जो कहती है, ''भगवान का साथ है तो सब कुछ संभव है.''

अधिकांश लोगों की समस्या यह है कि वे अपनी समस्याओं के समाधान के लिए कुछ प्रयास ही नहीं कर रहे हैं. वे अपने में ही उलझाकर स्वयं के शत्रु बन जाते हैं.

हम अच्छे हैं या बुरे यह हमारी सोच पर निर्भर करता है. इसलिए अपनी नाव को पानी भरकर स्वयं मत डुबोइए, यह काम तो तूफान खुद ही कर लेगा. जो आप करना चाहते हैं वह क्यों नहीं कर पा रहे हैं. इसके लिए हजार कारणों को मत खोजिए – यह एक कारण ढूंढ़िए जिससे आप उस कार्य को कर सकें. जो कुछ भी आपको करना चाहिए उन्हें करना बहुत आसान है बजाय इसके कि आप अपनी पूरी ज़िन्दगी यह पछताने में बिता दें कि अगर उन सभी कामों को किया होता तो कितना अच्छा होता.

स्वयं से झूठ बोलने का क्या फायदा. जिग जैगलर ने कहा है, ''अगर आप अपने आप को सही परिप्रेक्ष्य में नहीं देख पा रहे हैं ता आप जो भी करेंगे वह सही नहीं होगा.'' अपनी वचनबद्धता बढ़ाइए, ध्यान को भटकने मत दीजिए, बहाने बनाना छोड़िए और विश्वास में बढ़ोत्तरी करिए. पहली विजय स्वयं पर पाइए.

खरा सोना #79

धन्यवाद दीजिए

आभार प्रदर्शित करने में कटौती मत कीजिए. जो भी आपको अपने जीवन में मिलता है क्या आप यह मानकर चलते हैं कि वह चीज़ तो आपको मिलने ही वाली थी या फिर आप उसके लिए आभार प्रदर्शित करते हैं. आभार प्रदर्शन जीवन के प्रति एक स्वस्थ नज़रिया दर्शाता है.

किसी किए गए कार्य के लिए धन्यवाद दिए जाने से बड़ा कोई और कर्तव्य नहीं है. अपने नज़दीकी लोगों को धन्यवाद दिए हुए आपको कितने दिन हो गए? अगर किसी चीज़ के मिलने पर कोई व्यक्ति आभारी नहीं होता है तो वह जो चीज़ भविष्य में मिलने वाली है उसके लिए भी कभी आभारी नहीं होगा. कृतघ्नता का कोई अंत नहीं है.

सी. नेल स्ट्रेट के अनुसार, ''आभारी व्यक्ति दिखावा नहीं करता. स्वार्थी व्यक्ति अपने व्यवहार से जीवन की कई खुशियां खो देते हैं.'' जो व्यक्ति कृतज्ञता की भाषा भूल जाता है वह कभी खुश नहीं रह सकता.

आभार प्रदर्शन आपके जीवन को शक्ति से भर देता है, आप हर जगह खुशी की तरंगों को महसूस करते हैं. विलियम वार्ड के अनुसार, ''व्यक्तिगत शांति के तीन दुश्मन हैं–अतीत की भूलों पर पछताना, भविष्य की समस्याओं के बारे में सोचकर चिंतित होना तथा आज जो भगवान ने हमें दिया है उसके बारे में कृतघ्न होना.''

हमारे पास कई ऐसी चीज़ें हैं जिनके लिए हमें आभारी होना चाहिए. उदाहरणस्वरूप– आप कैसे भी घर में रहते हो क्या वह आपके शहर के बढ़िया से बढ़िया अस्पताल से बेहतर नहीं है? अगर आप जहां तक पहुंच गए हैं उससे संतुष्ट नहीं हैं तो कम से कम उसके लिए तो आभार प्रदर्शन कीजिए जिन परेशानियों से आप बचे हैं.

भगवान ने हमें जो कुछ भी दिया है हर अवसर पर उसके लिए कृतज्ञ होना सीखिए. आज थोड़ा समय निकालकर उन सभी चीज़ों के बारे में सोचिए जिसके लिए आभारी हैं. *सोचिए* और *आभारी* होइए. अगर हम ज़्यादा *सोचने* के लिए समय निकालेगे तो नि:संदेह हम ज़्यादा *धन्यवाद या आभार* भी प्रदर्शित करेंगे.

मुझे ड्वीट एल. मोदी की कही यह बात बहुत पसन्द है ''विनम्र बनो नहीं तो लड़खड़ा जाओगे.'' घमण्ड और कृतघ्नता में एक अचूक संबंध है. हेनरी वार्ड बीचर के अनुसार, ''एक अहंकारी व्यक्ति कभी–कभार ही कृतज्ञता दर्शाता है क्योंकि वह यह कभी नहीं सोचता है कि जो उसे मिल रहा है वह उसी के लायक है.

ऐसे व्यक्ति मत बनिए जो अप्रसन्न रहने के अवसर तलाश रहा हो. सबसे अच्छा नियम यह है कि आपको जो भी दिया जाए उसे कृतज्ञ होकर स्वीकार करें. जब आप अच्छी चीज़ों के लिए दूसरों को धन्यवाद देने में अपना सारा समय लगाएंगे तो बुरी चीज़ों के लिए शिकायत करने का समय ही आपके पास नहीं बचेगा.

आज उन पचास चीज़ों को ढूंढ़िए जिनके लिए आप कृतज्ञ होना चाहते हों. चूंकि आपका मस्तिष्क आपसे बातचीत करेगा इसके लिए उसमें रचनात्मक विचारों का जन्म होगा. एक सबसे बेहतर तरीका तो यह होगा कि आप बैठकर जिन व्यक्तियों ने आपके जीवन को प्रभावित किया है उन्हें एक धन्यवाद का पत्र लिखें.

जो व्यक्ति जितना ज़्यादा कृतज्ञ होगा उसका जीवन उतना ही संतुष्ट होगा. इस धरती पर अच्छाई को जन्म देने में प्रशंसात्मक शब्दों का शक्तिशाली योगदान रहा है. कृतज्ञ शब्दों से आपका खर्चा नहीं बढ़ता बल्कि उनसे बहुत कुछ प्राप्त होता है. इसलिए जो भी आपको अब तक मिला है उनके प्रति कृतज्ञ होइए, उनसे मुंह मत मोड़िए.

खरा सोना #80

ढेर सारे बहाने बनाने के लिए कोई बहाना न तलाशें

जार्ज वाशिंग्टन कार्वर के अनुसार, ''निन्यानवे प्रतिशत असफलताओं को जन्म देने वाले वे व्यक्ति होते हैं जो बहाने बनाते हैं.'' आप तब तक असफल नहीं कहलाते जब तक अपनी गलतियों के लिए दूसरों को ज़िम्मेदार नहीं ठहराते. अगर आप बहाने बनाने में कुशल हैं तो आप किसी और चीज़ में अच्छे हो ही नहीं सकते. दूसरों को ज़िम्मेदार ठहराना छोड़ दें. बहाने वे हथियार हैं जिन्हें एक उद्देश्यहीन विचारधारा वाला व्यक्ति खोखली इमारत बनाने के लिए प्रयोग करता है.

आप अपनी गलतियों से सीख सकते हैं यदि आप अपना सारा समय गलतियां न मानने तथा अपने आपको बचाने में व्यर्थ न करें. डेरिल फिजर के अनुसार, ''मुझे ऐसा लगता है कि इन दिनों ऐसे व्यक्तियों को बहुत कुछ हासिल हो जाता है जो अपनी भूलों को स्वीकार कर लेते हैं बजाए इसके कि वे यह सिद्ध करने में लगे रहें कि वे कितने सही हैं.'' बहाने जीवन में वही स्थान रखते हैं जो खाने में जहर. तर्क–वितर्क, खोखली बातचीत गरीबी को जन्म देती है जबकि काम करने वाले को लाभ की प्राप्ति होती है. विलीस व्हाइटनी के अनुसार, ''कुछ लोगों के पास जो वह करना चाहते हैं क्यों नहीं करते हैं, इसके लिए हजारों बहाने होते हैं जबकि उसी काम को वह क्यों कर सकते हैं, इसके लिए उन्हें सिर्फ एक कारण की जरूरत होती है.''

सबसे बड़ी खेदजनक स्थिति पछतावा है. ज़िन्दगी के खेल में पछतावे के लिए कोई गुंजाइश मत छोड़िए. सॉमरसेट मॉम के अनुसार, ''सबसे महत्वपूर्ण चीज़ जो मैंने ज़िन्दगी से सीखी है वह है कभी भी किसी भी चीज़ के लिए पछतावा न करना.'' अपने सभी पश्चातापों को अपने से दूर कर दीजिए. कैथरीन मान्सफील्ड के अनुसार, ''पश्चाताप शक्ति का क्षय है, आप इस पर किसी चीज़ का निर्माण नहीं कर सकते हैं. यह केवल गुलछर्रे उड़ाने जैसा है.'' सच तो यह है कि हजार पश्चाताप मिलकर भी एक कर्जे का भुगतान नहीं कर सकते हैं. ऐसी ज़िन्दगी जीओ कि आपकी कब्र पर यह लिखा जाए, ''कोई पश्चाताप नहीं.''

जब एक विजेता भूल करता है तो वह कहता है, ''यह मेरी भूल थी.'' जब एक हारनेवाला व्यक्ति भूल करता है तो वह कहता है, ''यह मेरी भूल नहीं थी.'' क्या

आप यह स्वीकारते हैं और कहते हैं कि, ''मेरी गलती थी.'' या फिर आप यह कहते हैं कि, ''यह मेरी गलती नहीं थी.'' विजेता स्वीकारता है और हारनेवाला इन्कार करता है.

सुस्त लोगों के पास बहानों की कमी नहीं होती. शब्द का मतलब यह *नहीं* कि आप प्रयत्न नहीं करेंगे. इस शब्द से हमारा संकल्प कमजोर *नहीं* पड़ता वरना कई बार तो यह निन्दा या झूठ से बढ़कर नुकसान करता है. सबसे खराब बहाना और सफलता का दुश्मन यह कहता है कि हम यह काम *नहीं* कर सकते.

हमारे पास विफलता के कई कारण हैं पर एक भी सही उचित बहाना नहीं. रैल्फ वाल्डो एमरसन के अनुसार ''बहाने हमेशा प्रगति के मार्ग में बाधक होते हैं.'' फिलीपियन्स की पुस्तक इसे बहुत बेहतर ढंग से कहती है, ''आप जो भी कार्य करते हैं, उसमें शिकायत करने और वाद–विवाद करने से दूर रहें, जिससे कोई भी आपके खिलाफ शिकायत न कर सके.'' झूठ और बहानेबाजियों को हवा देने के बजाय उन्हें दफन कर देना चाहिए. जो बहाने बनाता है वह हमेशा अपने को दोषी ठहराता है. एक भूल को न स्वीकारना दूसरी भूल को जन्म देता है.

अल्बर्ट एलीस के अनुसार, ''आपके जीवन के बेहतरीन वर्ष वे हैं जिनमें आप यह तय करते हैं कि आपकी समस्यायें आपकी खुद की है. आप उनके लिए अपनी मां, अपनी परिस्थितियों या राष्ट्रपति को ज़िम्मेदार नहीं ठहरा सकते. आप यह अनुभव करते हैं कि अपने भाग्य को खुद आप नियंत्रित करते हैं. इस चक्कर में न पड़कर हमें अपनी ज़िन्दगी फ्लोरेंस नाइटिंगल की तरह बितानी चाहिए जिसका कहना था, ''मेरी सफलता का कारण–बहाने न तो बनाना और न ही बहानों को स्वीकारना है.''

खरा सोना #81

विश्व की महानतम दुर्घटनाओं का जन्म टूटे वादों के कारण होता है

गलत चीज़ों से सही का जन्म नहीं हो सकता. थॉमस जेफरसन के अनुसार, ''समझदारी की पहली पुस्तक का पहला पाठ ईमानदारी है.'' कभी किसी झूठ का पीछा मत कीजिए; अगर आप उसे अकेला छोड़ देंगे तो वह खुद–ब–खुद मर जाएगा. जितना आप सच्चाई में जोड़ने की कोशिश करेंगे उतना ही उसमें से घटता जाता है. यह सोचना कितना दुखदायी है कि आजकल लोगों को सदमा ईमानदारी से पहुंचता है न कि धोखे से.

ऑसन ओ 'माले के अनुसार, ''जो यह सोचते हैं कि 'सफेद झूठ' बोलने की उन्हें छूट है वे शीघ्र ही रंग अंधता के शिकार हो जाएंगे.'' अपने हर झूठ से हम अपने आपको सजा देते हैं और हर सच से पुरस्कृत करते हैं. एक झूठ से आपकी कठिनाइयां बढ़ जाएंगी, शक्ति घट जाएगी, परेशानियां दुगुनी हो जाएगी और कार्यकुशलता प्रभावित हो जाएगी.

मार्केस अंटोनियस के अनुसार, ''सत्य हमेशा बलशाली होता है चाहे वह कितना ही कमजोर क्यों न दिखें, और झूठ चाहे जितना बलशाली दिखे हमेशा कमजोर होता है. उस किसी भी चीज़ को सकारात्मक रूप से मत देखो. जिसकी वजह से आपको अपने शब्दों से मुकरना पड़े. अपने शब्दों को अपनी बेड़ी मत बनाइए.

झूठ और सच्चाई की जंग में, पहली लड़ाई झूठ जीतता है. लेकिन अंत में युद्ध पर विजय सत्य की ही होती है. रैल्फ वाल्डो एमरसन के अनुसार, ''अगर हम सच्चाई का अनुसरण करके जीते हैं तब हम सच में जीते हैं. झूठ बोलने वाले अपने को स्वतंत्र नहीं महसूस कर सकते. होरेस ग्रीले के अनुसार, ''किसी भी मनुष्य के जीवन के अंधकारमय क्षण वे होते हैं जब वह यह तय करने की कोशिश करता है कि बिना मेहनत के धन कैसे पैदा किया जाए.''

एक मुहावरे के अनुसार, ''गलत ढंग से कमाया धन ज़्यादा दिन तक जमा नहीं रखा जा सकता है, इसलिए जोखिम क्यों उठाया जाए ?'' ईमानदारी हमेशा हमारे साथ चलती है जबकि झूठ बहुत जल्दी पकड़ा जाता है.

जॉन मोरले का कहना है, ''इस बात से काफी अंतर पड़ता है कि सच को पहले स्थान पर रखा जाए या दूसरे.'' सत्य कम भले हो पर उसकी मांग से सत्य की आपूर्ति हमेशा अधिक रही है. सत्य की अवहेलना होने से सत्य खत्म नहीं हो जाता और न ही अधिकांश लोगों के मानने से इसका स्वरूप बदलता है. सत्य सर्वाधिक शक्तिशाली तर्क है.

सत्य सदैव रहता है. केवल झूठ जन्म लेते हैं. सत्य अंधकार में भी चमकता है. हेनरी डेविड थोरियो के अनुसार, ''बुराई और अच्छाई के मध्य कभी भी क्षणिक सत्य नहीं होता. अच्छाई एक ऐसा निवेश है जो कभी नहीं हारता.'' सत्य को किसी बैसाखी की जरूरत नहीं होती. अगर यह लंगड़ाता है तो यह झूठ है. जॉन वेल्श के अनुसार, ''जीवन उस व्यक्ति के लिए एक संघर्षपूर्ण युद्ध के समान है जो सच्चाई से दूर है.''

डेविड ब्लंट के अनुसार ''अगर आप सत्य का दामन न छोड़ें तो जो गलत है और जो गलती है वह स्वत: आपकी ज़िन्दगी से चली जाएगी.'' एक व्यवसायी ने आपके व्यक्तिगत लेटरहेड पर यह लिख रखा था कि, ''जो सही है वह हमेशा ही सही है भले ही सब लोग उसके विरूद्ध क्यों न हों और जो गलत है वह हमेशा गलत है भले ही सब उसके पक्ष में क्यों न हों.''

जॉन वेस्ले के अनुसार:

जितना अच्छा काम आप कर सकते हैं करें, जिस तरह से भी कर सकते हैं करें,

जितने भी स्थानों पर कर सकते हैं करें, हर समय कर सकते हैं तो करें,

हर किसी व्यक्ति के लिए करें, जब तक कर सकते हैं करें.

खरा सोना #82

ठंडे लोहे पर कभी वार न करें

ऐसे व्यक्ति न बनें जो यह कहता है कि मैं अब तैयार हूं मुझे अवसर प्रदान करें. जैसे ही कोई अवसर आता है उसे लपक लें. चाहे कितना भी छोटा अवसर हो, उसे इस्तेमाल करें.

जब किसी काम को किया जाता है उसे करें, वह काम अच्छा लगे या नहीं. हरबर्ट प्रोछनो के अनुसार, ''जो हिचकिचाता है वह हरी रोशनी को खो देता है, उसे धक्के लगते हैं और वह अपनी जगह तक खो देता है.''

वर्तमान को महत्वपूर्ण न मानना एक व्यर्थ ज़िन्दगी व्यतीत करने जैसा है. हर दिन हमारे लिए उपहार लेकर आता है. उसके रिबन को खोलिए, कागज फाड़िए और बाहर निकालिए. हर दिन अपने दिल पर यह लिखिए कि आज का दिन वर्ष का बेहतरीन दिन है.

जब तक हिचकिचाने वाले व्यक्ति खेल खेलना सीखते हैं तब तक सब खिलाड़ी जा चुके होते हैं और खेल के नियम बदल जाते हैं. जब लोहा ठंडा हो तो कभी वार न करें. उचित अवसर पर उचित काम करें. जीवन हमें बार–बार कार्रवाई करने के लिए अवसर प्रदान करता है.

जॉन मैक्सवेल का कहना है, ''सफल नेताओं में कार्रवाई करने का साहस होता है बाकी लोग सिर्फ हिचकिचाते रह जाते हैं. जब तक आप शुरू नहीं करेंगे तब तक आपको कैसे मालूम चलेगा कि आपमें क्या क्या करने की शक्ति छिपी है. याद रखिए, जिस क्षण आप यह कहते हैं कि, ''आप यह काम नहीं कर सकते'' उसी पल उसी परिस्थिति को देखकर कोई दूसरा कहता है, ''वाह, कितना अच्छा अवसर है.''

अवसर कभी खोता नहीं है; बल्कि कोई न कोई उस अवसर का फायदा उठाने के लिए आगे आ ही जाता है. अवसरों का लाभ उठाने के लिए हमेशा तत्पर रहना ही जीवन सफलता का रहस्य है. अवसर नहीं तो योग्यता का क्या लाभ.

समय उड़ता है, इसे उड़ाना आपके हाथ में है. थामस एडीसन के अनुसार, ''सब कुछ उसे मिलता है जो आगे बढ़कर अवसर का फायदा उठाता है, जबकि बाकी के

लोग इंतजार ही करते रहते हैं.'' मेरा यह अनुभव रहा है कि उत्पादक व्यक्ति उस समय को भी नहीं गंवाते हैं जिसे बाकी के लोग व्यर्थ में गंवा देते हैं. हर क्षण का तुरंत उपयोग करना सीखें.

बिना कोई क्षण गंवाए खुद को तैयार कर लें. जीवन रूपी अलार्म घड़ी में आलस्य रूपी कोई बटन की गुंजाइश नहीं है. खड़े होकर अवसर को पहचानने का क्या फायदा जब अवसर आते ही आप तुरंत बैठ जाएं. अवसर को देखिए, पहचानिए, तौलिए और निर्णय लीजिए. निर्णय न ले पाना जीवन के सुनहरे क्षणों को गंवाना है.

विलियम वार्ड के अनुसार सफलता का मूल मंत्र है ''जब दूसरे सोते हों तो अध्ययन करना, जब दूसरे समय नष्ट कर रहे हो तो कार्य करना, जब दूसरे खेल रहे हों तो तैयारी करते रहना और दूसरे जब सिर्फ चाह रख रहे हों तो उनके सपने देखना.'' वर्तमान से बड़ा कोई समय नहीं है और समय से बड़ा कोई उपहार नहीं है. फायदों का फायदा उठाने वाले हमेशा फायदे में रहते हैं. अपने जीवन के अंतिम क्षणों में अपने आप को यह न कहने पाएं कि, ''कितनी खूबसूरत ज़िन्दगी थी मेरी, काश मैंने ऐसा पहले महसूस किया होता.''

खरा सोना #83

एक ही जगह पर दौड़ते रहने से बाकी लोग आपसे आगे निकल जाएंगे

असफलता का सबसे सफल तरीका विलम्ब करना है. *अभी* वह बेहतरीन समय है जब आप अपनी उत्पादकता बढ़ा सकते हैं. अगर किसी आसान कार्य को कठिन बनाना है तो आप उसे करना टालते रहें. प्रिज्म ने कहा, ''हम सब भगोड़े हैं और अतीत में हमारे द्वारा किए गए कार्य भेदिए कुत्ते की तरह हमारा पीछा करते रहते हैं.'' जोसफ न्यूटन के अनुसार, ''पूरा न किया गया कर्तव्य एक भुगतान न किए गए कर्ज की तरह होता है, यह केवल स्थगित होता है और अंतत: हमें इसका निपटान करना ही पड़ता है.''

वह क्या है जो लोगों को आगे बढ़ने से रोकता है ? जार्ज शीहॉन के अनुसार, ''हममें से कुछ ऐसे हैं जो 'लगभग' जीवित रहते हैं. हम तब तक प्रतीक्षा करते हैं जब तक परिस्थितियां बदल न जाएं, जब तक थोड़ा और समय न मिल जाए, जब तक हम थकान में कुछ कमी न महसूस करें, जब तक हमें पदोन्नति न मिल जाए, जब तक हम जीवन में अच्छी तरह सेट न हो जाएं, जब तक, जब तक, जब तक. ऐसा हमेशा लगता रहता है कि जीवन में कुछ ऐसा घटे जो हमारी ज़िन्दगी को जीने योग्य बना सके.'' ऐसे दिन *कभी नहीं* आते. इच्छा रखने वाला व्यक्ति अगर अपनी इच्छाओं को कार्य रूप में नहीं बदलता है तो बहुत शीघ्र अपने आपको ठंड से जमा अशक्त पाता है. वे एक ग्लेशियर से ज़्यादा तरक्की नहीं कर पाते.

हर कार्य में विलम्ब करने वाले को वृद्धावस्था के अलावा कुछ नहीं मिलता. कल करे सो आज कर. एच. क्रोक्विल के अनुसार, ''ऐसा कुछ कीजिए कि सुस्ती आपको धोखा न दे पाए; क्योंकि अगर आप आज सुस्ती में व्यतीत करेंगे तो वह आपका कल आपसे छीन लेगी.'' एक अपूर्ण कार्य को अनंत काल के लिए लटकाकर रखने से ज़्यादा उबाऊ चीज़ कुछ हो ही नहीं सकती.

जिन्हें समय व्यर्थ में बरबाद करने की आदत होती है वे औरों का भी समय बरबाद करने से नहीं चूकते. बेन फ्रैंकलिन के अनुसार, ''आज का एक दिन, दो कल से कहीं ज्यादा अच्छा है.'' जो कभी भी किया जा सकता है, वह अभी किया जा सकता है.

लाउ एरिक्सन के अनुसार, ''जीवन एक टैक्सी के समान है, आप कहीं जा रहे हों या एक जगह रूके हों, मीटर चलता ही रहता है.'' सफल व्यक्ति वह काम भी कर लेता है जो दूसरे नहीं कर पाते. मूर्ख व्यक्ति जो काम बाद में करते हैं वही बुद्धिमान व्यक्ति शुरूआत में करते हैं.

सैम स्लिक के अनुसार, ''किनारे पर खड़े होकर कांपते मत रहो, तुरंत कूदो और वापिस आ जाओ.'' कल सप्ताह का सबसे व्यस्त दिन है. यदि पहाड़ पर चढ़ना ही है तो यह मत सोचो कि इंतजार करने से वह छोटा हो जाएगा.

सही समय पर एक कदम न उठाने से असफल व्यक्ति को सौ कदम चलने पड़ते हैं. यदि संभव है तो निर्णय आज लो भले ही उस पर कार्रवाई आगे चलकर भविष्य में करो. अंतिम क्षण में लिए गए निर्णय से बेहतर एक पुनरीक्षित निर्णय होता है. एपीक्यूरस के अनुसार, ''मूर्ख अन्य विचारों के साथ अपने को जीवित रखने की कोशिश में ही लगा रहता है.'' अनिर्णय की स्थिति वालों को कभी–कभार ही अवसर मिलते हैं. देरी हमेशा खतरे को जन्म देती है, क्योंकि फसल की कटाई एक दिन देरी से करने से बेहतर है कि दो दिन पहले कर ली जाए.

अनिश्चय और शीघ्र कार्रवाई न करने के सारे बहानों को खत्म कर डालिए. मार्शियल के अनुसार, ''मूर्ख कहता है कल क्या मैं रहूंगा, कल तो अपने आप में बहुत देर, बुद्धिमान तो बीते हुए कल की बात करता है.'' आर्थर ब्रिसबेन के अनुसार, ''मूर्ख थोड़े से ही आंनदित होता है, मैं और के लिए प्रयत्न करूंगा. यह मैं फालतू समय निकालकर कर सकता हूं. समय को व्यर्थ बरबाद करने वाला व्यक्ति, जीवन के सुनहरे अवसरों को गंवा देता है.''

खरा सोना # 84

औसतपन की मांग हमेशा ज़्यादा होती है इसके चक्कर में न पड़िए

किसी कार्य को करने से पहले यह सोचें कि उसे पहले से बेहतर कैसे किया जाए. विलियम डानफोर्थ ने कहा है, ''सबसे अच्छा बनना अपनी ज़िन्दगी का मकसद बना लें'' गुणवत्ता का मापदण्ड बनें. दूसरे क्या सोचते हैं इसकी परवाह किए बगैर सही कार्य करते जाएं.

सॉमरसेट मॉम के अनुसार, ''जीवन के बारे में सबसे मज़ाकिया बात यह है कि अगर आप सिर्फ अच्छे को ही स्वीकारें तो अक्सर वह आपको मिल जाता है.'' थॉमस एडीसन ने कहा है, ''कार्य को और भी अच्छे ढंग से कैसे किया जाए इसका पता लगाएं और वैसा ही करें.'' सिर्फ अच्छा सोचें, केवल अच्छा ही करें और सिर्फ अच्छे को ही स्वीकारें. सर्वोत्कृष्टता दुर्घटना नहीं होती.

किसी भी कार्य को करने के अपने–अपने सर्वोत्तम तरीके होते हैं. हेनरी वार्ड बीचर के अनुसार, ''कोई आपसे जितनी अपेक्षा रखता है उससे कहीं बेहतर बनकर दिखाइए. कभी बहाने मत बनाइए.'' अधिकतर लोगों को ऐसे वातावरण की आदत नहीं होती जिसमें उनसे सर्वोत्कृष्टता की अपेक्षा रखी जाती है.

आरसेन मार्डेन के अनुसार, ''जो खुद से बेहतरीन की उम्मीद रखता है वह इससे कम पर कभी भी समझौता नहीं करेगा, ऐसे ही लोग प्रगति के ज़िम्मेदार तथा दूसरों के लिए आदर्श नमूना बनते हैं.''

सर्वोत्कृष्टता का मापदण्ड मनुष्य के आदर्शों, उसकी संवेदनशीलता, विश्वसनीयता और उसकी दृढ़ता को देखकर तय किया जाता है. आपके जीवन के आदर्श क्या है और आप उन पर कितना खरे उतरते हैं यह देखकर लोग आपके व्यक्तित्व को मापते हैं.

सफलता की खोज मत कीजिए. सर्वोत्कृष्टता को ढूंढिए और आपको यह दोनों ही एक साथ मिल जाएंगे. कार्य करने के लिए कार्य करें, न कि कुछ अर्जित करने के

लिए. परिणाम की चिंता किए बगैर कार्य करें. लोग बड़े अजीब हैं. धन न रहने पर भी वे दूसरों को प्रभावित करने के लिए ऐसी चीज़ें खरीदते हैं जिनकी उन्हें आवश्यकता नहीं रहती. आपके उद्देश्य की पूर्ति सफलता नहीं कहलाती बल्कि आपको क्या प्राप्त करना चाहिए ऐसा उद्देश्य निर्धारित करना सफलता है.

सौभाग्यवश, औसतपन का अच्छा विकल्प परिपूर्णता नहीं है जबकि सर्वोत्कृष्टता है. परिपूर्णता के बजाय सर्वोत्कृष्टता की कोशिश करना बेहतर व पुरस्कृत किए जाने योग्य है; हर चीज़ में परिपूर्णता प्राप्त करने की कोशिश करना तनावपूर्ण और व्यर्थ है.

हम बार–बार जो करते हैं वैसा ही बन जाते हैं. सर्वोत्कृष्टता तब एक कार्य नहीं आदत बन जाती है. टेड एंगस्ट्रॉम के अनुसार, ''सर्वोत्कृष्टता आप जैसे हैं उससे बेहतर बनने की मांग करती है.''

अच्छे से अच्छा करने से आप शीघ्र संतुष्टि महसूस करेंगे. तब आप सफल महसूस करते हैं जब बेहतरीन करते हैं. प्रसिद्धि के लिए अपने सिद्धांतों को मत बेचिए अन्यथा आप अपने आपको कंगाल पाएंगे. अपनी जानकारी को हमेशा बेहतरीन बनाने का प्रयत्न करें.

खरा सोना #85

सही प्रश्न पूछें और जीवन के सर्वाधिक महत्वपूर्ण जवाब पाएं

क्या आप अपने से बड़ी समस्याओं का सामना कर पाते हैं?

क्या आपसे कोई बेहतर है तो उसे आप छोड़ देते हैं?

क्या आपका प्रिय अक्षर 'मैं' है?

क्या आपको अपने शक पर विश्वास और अपने विश्वासों पर शक है?

अपनी सबसे बड़ी समस्याओं और सबसे बड़े अवसरों को बताने के लिए आपने जिन शब्दों को प्रयुक्त किया क्या आप उसे बदलना चाहेंगे?

क्या आप औसत बनते जा रहे हैं?

क्या लोग आपके बारे में यह कहते हैं, ''उसने विशेष रूप से कुछ नहीं किया और इसे बखूबी किया?''

आप कितने स्वप्नदर्शी हैं?

क्या आप अपने शब्दों को कार्य रूप में बदलने में बहुत लंबा समय लगाते हैं?

अगर आप स्वयं किसी और की तरह से बनना चाहते हैं तो आपकी तरह कौन बनना चाहेगा?

क्या आप अपने जीवन को किसी ऐसी चीज़ से नियंत्रित होने देते हैं जिसमें आप स्वयं विश्वास नहीं रखते?

अगर हर कोई आपके जैसा हो जाए तो यह संसार कैसा होगा?

अगर आप कभी कार्रवाई नहीं करते हैं तो इससे आपका क्या नुकसान होगा?

क्या आप एक ऐसे व्यक्ति हैं जो यह कहता है कि ''यह मेरा निर्णय है और यह अंतिम है?''

क्या आप धूल बनाते हैं या फिर धूल फांकते हैं? (बिल ग्रांट)

ईश्वर ने आपको जो भी दिया है क्या आप उसके लिए कृतज्ञ महसूस करते हैं या फिर जो मिल गया उसकी गिनती ही नहीं करते?

''मैं यह नहीं कर सकता'' क्या आप अपनी इस आदत को छोड़ना चाहेंगे?

क्या आप किसी ऐसे व्यक्ति के रूप में जाने जाते हैं जो अपने वादे नहीं पूरा करता?

आप बचपन में जिस पुरूष की कल्पना करते थे, आप वही बन पाए हैं?

क्या आप पहले ही भविष्य से निराश हो चुके हैं?

खरा सोना # 86

मूल को पाना मुश्किल है किंतु पहचानना आसान है

आप ऐसे कितने उत्कृष्ट व्यक्तियों को जानते हैं जिनका अपना अलग विशिष्ट व्यक्तित्व है? वे *अलग* हैं. इससे बड़ी प्रशंसा और क्या हो सकती है अगर कोई आपके पास आकर यह कहे कि ''आप सबसे अलग हैं.'' मैं यह नहीं सुझाव देता कि आप अलग दिखने के लिए अलग व्यवहार करें. स्वयं को बदले नहीं और आप अलग दिखेंगे.

एरिक हॉफर ने सत्य ही कहा है, ''जब लोग जो चाहे करने के लिए आज़ाद होते हैं तो वे एक दूसरे की नकल उतारते रहते हैं.'' मनुष्य ही एक ऐसा प्राणी है जो वह जो है उसे मानने को कभी तैयार नहीं होता.

दूसरों से प्रभावित होकर उनकी नकल उतारने की जरूरत नहीं है. स्वयं को जितना कार्यकुशल व प्रभावी आप बना सकते हैं उतना दूसरा कोई नहीं. सफलता की सीढ़ी पर चढ़ने में सबसे ज़्यादा कठिनाइ नीचे जमा नकलचियों की भीड़ को पार करने में आती है.

जिन व्यक्तियों को पास प्रतिभा नहीं है वे कभी–कभी फायदा उठाने में उनसे आगे बढ़ जाते हैं जिनके पास प्रतिभा है. जैसा ईश्वर ने आपको बनाया है उसे स्वीकारें.

आप विशेषज्ञ हैं. आप सबके जैसे नहीं बनाए गए हैं. नब्बे प्रतिशत से अधिक फूलों में या तो गंदी महक होती है या तो बिल्कुल नहीं होती. फिर भी हम उन विशेष फूलों को ही याद रखते हैं. जिनमें मनमोहक खुशबू होती है. ऐसे ही अलग बनें.

लैरी बायलेट के अनुसार, ''सबसे कम प्रतिस्पर्धा वाले पथ से चलना या बहना ही मनुष्य व नदी को कुटिल बनाने में सहायक होता है.'' बहुत से लोग ऐसे हैं जो अपनी प्रतिभाओं को दफन करके खुद अपनी कब्र खोद लेते हैं. ये प्रतिभाएं हमारे

व्यक्तिगत खातों में जमा हमारी पूंजी हैं जिन पर हमें ब्याज मिलता रहता है. हम उनकी तरफ जितना ध्यान देंगे, वे हमारे लिए उतनी ही महत्वपूर्ण साबित होंगी.

नकल करने वाले संसार के सांचे में अपने को ढालते हैं जबकि मूल से स्वयं संसार सीखता है. परिवर्तन करने के लिए बहुत ज़्यादा लोगों की जरूरत नहीं होती. इसके लिए एक ठोस कारण व कुछ थोड़े से दृढ़ निश्चयी मूल व्यक्तियों की आवश्यकता होती हैं. मैं उस पुरानी कहावत को मानता हूं जो कहती है, ''आप सभी सृजनों में अकेले ऐसे व्यक्ति हैं जिसकी अपनी विशिष्ट योग्यताएं हैं. आप विशेष हैं... आप दुर्लभ हैं. और इस दुर्लभता में विशिष्टता है.'' ए. व्हाटनी ग्रीसवोल्ड के अनुसार, ''क्या हैमलेट किसी समिति के द्वारा लिखा जा सकता था या मोनालिसा किसी क्लब के द्वारा पेंट की जा सकती थी? क्या न्यू टेस्टामेंट, एक कांग्रेस रिपोर्ट की तरह रचा जा सकता था? रचनात्मक विचारधाराएं किसी समूह से नहीं उपजती हैं. वे अलग–अलग व्यक्तित्व से आती हैं.''

हममें से हर एक की अपनी अलग–अलग विशिष्ट शैली है, तरीका है. आपके जैसा पहले कोई नहीं है; *आप* अपनी तरह के पहले व्यक्ति हैं. आपका जन्म पृथ्वी पर जिस काम को करने के लिए हुआ है उसे करने के लिए आप सबसे योग्य व्यक्ति हैं.

खरा सोना #87

बाधाओं के पीछे अवसर छिपे होते हैं

सभी बाधाएं खराब नहीं होतीं. वास्तव में अवसर को बाधाओं से प्रिय और कोई जगह छिपने के लिए नहीं मिलती. आपके हर जवाब में बाधाएं कहीं न कहीं होती हैं. यह लड़ाई अच्छी है; यह इस बात का सबूत है कि आप अभी भी जीवित हैं और आपने हिम्मत नहीं हारी है.

समस्याओं से कोई बचा नहीं है. यहां तक कि शेर को भी मक्खियां उड़ानी पड़ती है. एपॉस्टल पॉल ने सही लिखा है, ''हमें हर तरफ से कठिनाइयां दबाती है, लेकिन हम मिटते नहीं, टूटते नहीं. हम नहीं जानते कि ऐसा क्यों हो रहा है, इसलिए परेशान होते हैं किंतु हिम्मत नहीं हारते और भागते नहीं. हमें ठोकर लगती है किंतु हम उठ खड़े होते हैं और वापस चल पड़ते हैं.''

अलग व्यक्तित्व होने से आप सांसारिक समस्याओं से बच नहीं जाते हैं बल्कि यह आपको प्रेरित करती है कि आप इस संसार में अच्छा काम करके विजयी की तरह रहें. थॉमस कारलॉयल के अनुसार, ''एक कमजोर के रास्ते में आने वाली अगर रूकावट रहती है तो वही चट्टान एक शक्तिशाली पुरूष के लिए सफलता की सीढ़ी बन जाती है.

आपके लिए अच्छी खबर! हर कठिनाइ के बीच में आपकी वृद्धि और पदोन्नति रहती है. हर चुनौती आगे बढ़ने का अवसर प्रदान करती है न कि मृत्यु की ओर ले जाती है.

बाधाएं आपको लड़ाखड़ा सकती हैं, किंतु अपने आपको रोक केवल *आप* ही सकते हैं. आपका संघर्ष काफी लंबे समय के लिए हो सकता है किंतु अनंत काल के लिए तो नहीं हो सकता. यह सोचना गलत है कि यह अस्थायी स्थिति आपके लिए स्थायी है.

बाधाएं आपको बताती है कि आप किन बातों में विश्वास रखते हैं तथा आप वास्तव में हैं क्या? वे आपका परिचय स्वयं आपसे कराती है. आप असल में किन बातों में ईमानदार हैं यह समस्या उत्पन्न होने पर ही आप जान सकते हैं.

हवाई सफर करते समय मैंने हमेशा यह देखा है कि हवाई जहाज के उड़ते समय बादल कितना ही घना क्यों न हों, उसके ऊपर सूरज हमेशा चमकता रहता है. यह आपका 'दृष्टिकोण' नहीं वरन 'ऊपर देखना' ही है जो महत्व रखता है.

आपका जीवन और भी उत्पादक तथा सुखमय हो जाएगा अगर आप यह समझ लें कि बाधाएं जीवन का एक अभिन्न हिस्सा है. अगर आप अपनी जगह सूरज के साथ बनाना चाहते हैं तो फफोले तो झेलने ही पड़ेंगे. स्टड्स टरकेल के अनुसार, ''संगीत का सामना करें और किसी न किसी दिन आप बैंड का नेतृत्व करेंगे.'' लोहे और स्टील के मध्य अग्नि ही अंतर है किंतु आग में तपे हुए स्टील की बात ही कुछ और है.

खरा सोना #88

यह महत्वपूर्ण नहीं है कि आपके पास क्या है; आपके पास जो भी है उसका उपयोग आप कैसे करते हैं, यह महत्वपूर्ण है

कुछ सपने अपने आप सच हो जाते हैं. व्यक्ति की परीक्षा वह क्या करता है इस पर निर्भर करती है. कोई व्यक्ति बैठे-बैठे नहीं गिर जाता है. थॉमस एडीसन ने कितने बेहतरीन ढंग से कहा है, ''अधिकतर लोग अवसर चूक जाते हैं क्योंकि यह व्यापकता ओढ़े हुए कार्य की तरह लगती है.'' बिना काम किए कुछ नहीं मिलता.

मच्छर को भी तब तक लपथपाया नहीं जाता जब तक वह काम की शुरूआत न करे. एक प्रसिद्ध अनाम कवि के अनुसार, ''चुपचाप बैठे रहकर केवल इच्छाएं मन में रखने से कोई व्यक्ति महान नहीं बन जाता है. ईश्वर मछली मारने के लिए प्रेरित तो कर सकता है किंतु मछली मारने का कांटा तो आपको ही बनाना होगा.''

सिर्फ बातें ही करते रहेंगे तो आप कुछ सीख नहीं पाएंगे. अगर शब्दों को कार्य रूप में परिवर्तित नहीं किया तो समझिए आपने अपने सपनों को कुचल डाला. जो एक अच्छे छोटे कार्य की शुरूआत से हो सकता है वह बड़े से बड़े सिर्फ संकल्प या उद्देश्य से नहीं हो सकता.

जब कभी भी आप सही कार्रवाई करेंगे एक इतिहास को जन्म देंगे. ज्ञान का फल कार्रवाई है. कार्रवाई आपको इज्जत दिलाती है जबकि अकर्मण्यता अनादर का पात्र बनाती है.

अगर आप जीवन को भरेंगे नहीं तो वह एक खाली सपने की तरह रहेगा. जब भी कोई किसी विचार की अभिव्यक्ति करता है उसे दस ऐसे व्यक्ति मिल जाते हैं जिन्होंने इस विषय पर पहले विचार तो किया था किंतु कोई कार्रवाई नहीं की थी. सोचने-विचारने में व्यर्थ किए गए समय का कोई महत्व नहीं होता, जब तक उस पर कार्रवाई न की जाए.

जितना अधिक आप किसी विचार के बारे में बाते करेंगे उतनी ही कम असल में उस पर कार्रवाई करेंगे. अगर दोस्ती खतम करनी है तो आप निरंतर बड़े–बड़े विचारों के बारे में बातें करते रहें. अब वह समय आ गया है जब आप अपने सपनों को कार्यान्वित करें.

मार्क ट्वेन ने कहा है, ''बादलों की गड़गड़ाहट अच्छी लगती है, प्रभावित करती है किन्तु यह बिजली की चमक ही है जो असल कार्य करती है.'' सोने का कोई महत्व नहीं होता जब तक उसे जमीन से बाहर निकालकर उसे असली रूप में न लाया जाए. इस पुस्तक की असल परीक्षा तब नहीं है, जब पाठक यह कहता हुआ चल दे कि, ''कितनी दिलचस्प और सूचनाप्रद पुस्तक है.'' बल्कि तब है जब पाठक यह कहें कि, ''मैं अवश्य कुछ करूंगा.''

विचार आने का मतलब घिरनी पर बैठने जैसा होना चाहिए जो आपको सक्रिय बनाकर कुछ करने के लिए बाध्य करें. जार्ज बर्नाड शॉ का कहना है, ''जब मैं जवान था, मैंने यह महसूस किया कि दस में से नौ बार हर काम में असफलता का ही सामना मुझे करना पड़ता था इसलिए मैंने दस गुना कार्य अधिक किया.'' अधिकतर व्यक्ति सफलता के रहस्य की खोज़ नहीं करना चाहते क्योंकि उन्हें कहीं न कहीं अंतर्मन में यह आशंका रहती है कि यह रहस्य कठिन परिश्रम के अलावा और कुछ नहीं हो सकता.

खरा सोना # 89

अगर पहले चरण में आप सफल हो जाते हैं तो और भी कठिन चीज़ों के लिए परिश्रम करें

वे व्यक्ति ही प्रगति के पथ पर आगे बढ़ते हैं जो कभी किसी कार्य से संतुष्ट होकर निष्क्रिय नहीं बैठ जाते. फ्रांसिस बैकन के अनुसार, ''मक्के के दाने तभी तक अच्छे लगते थे जब तक रोटी का जन्म नहीं हुआ था.'' अधिकतर व्यक्तियों को असफलता का सामना इसके लिए करना पड़ता है क्योंकि वे किसी सफल योजना को और कैसे सुधारा जाए इस बारे में सोचना छोड़ देते हैं.

यदि आपको कोई नया विचार न सूझता हो तो पुराने विचारों में ही तब्दीली लाकर उसे नया बनाने का प्रयास करें. चार्ल्स सालेब काल्टन के अनुसार, ''अगर हम किसी नई चीज़ की खोज़ नहीं कर सकते हैं तो कम से कम उसमें सुधार तो ला सकते हैं.''

अपनी समस्या के लिए कोई एक जवाब मत ढूंढिए बल्कि कई जवाबों की अपेक्षा रखिए और उनमें से बेहतरीन को चुनिए. जितनी जरूरत हो उससे ज़्यादा कीजिए और करते जाइए. जिग जिगलर के अनुसार ''सामान्यता और उत्कृष्टता के बीच का अंतर यह छोटा–सा अतिरिक्त ही है.''

किसी भी कार्य को करने का एक तरीका और एक बेहतर तरीका होता है. जब आपको ऐसा कुछ मिल जाए तो फिर से गौर करिए. शिक्षा कभी समाप्त नहीं होती. जितना ही ज़्यादा आपको किसी चीज़ की इच्छा होगी, उतने ही आप बेहतर तरीके से उसे पाने की कोशिश करेंगे.

श्रेष्ठता का सबसे बड़ा शत्रु उत्तमता है. अगर आप उत्तमता से संतुष्ट हैं तो आपको श्रेष्ठता कभी हासिल नहीं हो सकती. जॉन वुडेन के अनुसार, ''किसी चीज़ को जानने के बाद आप उससे क्या सीखते हैं यह ज़्यादा महत्वपूर्ण है.''

जो व्यक्ति यह सोचता है कि उसे सब कुछ मालूम है, उसके सोचने की प्रक्रिया समाप्त हो जाती है. अगर आप यह सोचते हैं कि आपको सब कुछ मिल गया है, तो

समझिए आप दौड़ में बहुत पीछे छूट गए हैं. एक सफल व्यक्ति वह है जो नौकरी पाने के बाद भी काम की तलाश करता रहता है.

आपत्तियों का सामना करें. कुछ हो तो ऐसा करें. अपनी वर्तमान स्थिति को सुरक्षित रखने में ही अपना समय व्यर्थ न गवाएं. आगे बढ़कर नेतृत्व करने की आदत डालें और कभी भी तटस्थ होकर अपने दिन की शुरूआत न करें. कभी भी अपने आप से संतुष्ट न हों.

थॉमस एडीसन ने कहा है, ''मुझे एक पूर्ण संतुष्ट व्यक्ति दिखाएं और मैं उसमें आपको एक असफल व्यक्ति की झलक दिखाऊंगा'' सायरस एच. के. कर्टिस ने अपने सहयोगी एडवर्ड बॉक से कहा, ''दो तरह के व्यक्तियों का कोई महत्व नहीं होता.'' एडवर्ड बॉक ने पूछा, ''और ये दो प्रकार कौन से हैं?'' प्रसिद्ध प्रकाशक ने जवाब दिया, ''एक वे जिन्हें जो कहा जाए उसे वे कर नहीं सकते हैं और दूसरे वे जो उसके अलावा कुछ अन्य कर ही नहीं सकते.'' किसी अच्छे तरीके की खोज़ करें और उस तरीके को बेहतर बनाने का प्रयास करें.

खरा सोना #90

आलोचना को दूर करना है तो कुछ मत कीजिए, कुछ मत बनिए

सभी महान विचार संघर्ष या विरोध को जन्म देते हैं. दूसरे शब्दों में, आप जीवन में कुछ भी करना चाहेंगे तो वह चुनौतियों और आलोचनाओं को जन्म देगा. आज यह तय कीजिए: मैं अपने सपनों को नकारात्मकता के शोर में नहीं खोने दूंगा.

हर विचार के पीछे क्रमश: निम्न उत्तर होते हैं:

1) ''यह असंभव है – अपना समय और शक्ति मत व्यर्थ करो.''

2) ''यह संभव है किंतु इसका मूल्य बहुत सीमित है.''

3) ''मैंने कहा न कि यह एक बहुत अच्छा विचार था.''

शत्रु और आलोचक कभी समस्याओं को सुलझाना नहीं चाहते और वे कभी भी समस्याओं का बेहतर हल नहीं सुझाते. वे बिना बांह के उस व्यक्ति की तरह हैं जो फेंकना सिखाता है.

अगर आप भीड़ से अलग हैं तो तालियों के बजाय आलोचनाओं की अपेक्षा रखिए. अगर कोई आपको छोटा या महत्वहीन बताना चाहता है तो समझिए वह आपको अपने स्तर पर लाना चाहता है. आलोचक सिर्फ कीचड़ उछाल सकते हैं और ऐसा करते हुए वे खुद को महत्वहीन बनाते हैं.

असफल व्यक्ति को उसकी आलोचना करने के ढंग से पहचाना जा सकता है. जो कर सकते हैं वे कुछ करते हैं और जो कुछ नहीं कर सकते वे आलोचना कर. ऐसा व्यक्ति जो गेंद उछलने के तरीके की शिकायत करता है वही उसे गिराता भी है.

यदि कार्य करने वाले न हों तो आलोचकों का व्यवसाय ही बंद हो जाएगा. असफल व्यक्ति द्वारा सफलता की तरफ फेंका गया कीचड़, जलन द्वारा प्रदान किया जाता है. केनथ टायनन के अनुसार, ''आलोचक वह है जिसे रास्ते की जानकारी तो है

किंतु वह कार नहीं ड्राइव कर सकता.'' बड़े विचारों की आलोचना छोटी बुद्धि वाले ही करते हैं.

अगर लोग आपके बारे में नकारात्मक टिप्पणियां करते हैं तो हताश मत होइए, इतना काम कीजिए कि लोग उनकी टिप्पणियों पर विश्वास करना ही छोड़ दें. उपलब्धियां, आलोचनाओं को समाप्त कर देती हैं.

अगर आप आलोचनाओं से भयभीत होते हैं तो कुछ भी हासिल नहीं कर सकते. एक सफल व्यक्ति वह है जो अपने ऊपर फेंके गए पत्थरों से एक मजबूत नींव का निर्माण करता है.

खरा सोना #91

अपे शत्रुओं से बराबरी करने और अपने दोस्तों से आगे जाने की कोशिश न करें

पूरी ताकत से दौड़ते हुए एक धावक की कल्पना कीजिए. वह कई प्रतियोगियों के साथ दौड़ता है किंतु देखता उसी की तरफ है जो उसका सबसे करीबी प्रतियोगी होता है. इस नज़ारे का निष्कर्ष क्या है? यही न कि वह प्रतियोगी धीमा हो जाए और शायद लड़खड़ा जाए. ऐसा ही हमारे साथ हो सकता है अगर हम दूसरों की ईर्ष्यालु भावना से घबड़ाकर अपने दौड़ की दिशा बदल दें. रिकॉर्ड तोड़ने के बजाय हम अपनी गतिशीलता ही समाप्त कर दे रहे हैं.

क्लाडियन के अनुसार, ''लोभी व्यक्ति हमेशा ही गरीब होता है.'' ईर्ष्या से अमीरी नहीं आती है. चार्ल्स कोल्टन के अनुसार, ''सभी भावनाओं में ईर्ष्या की भावना ऐसी है जिसे कठिन परिश्रम और कमतर वेतन मिलता है. शत्रुओं की सफलताओं पर कड़ी निगाह रखना ही इनके वेतन को सुनिश्चित करता है.''

ईर्ष्या उस कुत्ते को काटने जैसी है जिसने आपको काटा है. एक अंग्रेजी मुहावरे के अनुसार, ''ईर्ष्या निशाना तो दूसरों को बनाती है किंतु स्वयं जख्मी होती है.'' यह स्वयं को सजा देने जैसा है. एक मुहावरे के अनुसार, ''एक संतुलित शांत व्यवहार मनुष्य के जीवन को बढ़ा देता है जबकि जलन इसे सड़ा देती है.'' जंग जिस तरह लोहे को नष्ट कर देती है उसी तरह ईर्ष्या स्वयं को समाप्त कर देती है.

ईर्ष्या हमारे जीवन से खुशियां, संतुष्टि और जीवन जीने के उद्देश्य को ही समाप्त कर देती है. अगर इसे फलने-फूलने दिया जाए तो यह घृणा और बदले को पनपाती है. बदले की भावना एक छोटे से सच को, सही कार्य को बड़ी सी गलती में बदल देती है. देखते रहिए. यह एक ऐसी भूख है जो कभी समाप्त नहीं होती.

लारेंस डरेल के अनुसार, ''प्यार अंधा नहीं होता नहीं बल्कि ईर्ष्या अंधी होती है.'' ईर्ष्या सिर्फ समुद्र पर नज़र डालती है चट्टानों पर नहीं. एक अंग्रेजी मुहावरे के अनुसार, ''अगर एक जलनखोर आदमी के सामने किसी दूसरे की प्रशंसा कीजिए तो वह अपने आपको घायल महसूस करता है.''

जॉन बिलिंग्स के अनुसार, ''प्यार टेलिस्कोप से देखता है जबकि ईर्ष्या माइक्रोस्कोप से.'' हमारे पास जो नहीं होता हमें उसे या तो बहुत कम या बहुत चढ़ा–चढ़ाकर बताते हैं. जो दूसरों के पास है उनकी चाहत रखने में आप अपनी ज़िन्दगी को बिना वज़ह क्यों बरबाद कर रहे हैं.

कुछ लोग अपने हिसाब से ज़िन्दगी बिताने के बजाय दूसरों की तरह जीना पसंद करते हैं. ईर्ष्या यही चाहती है कि बाकी के सब लोग आपसे कम सफल हों. दूसरों के पास क्या है और उन्होंने क्या नहीं किया है उसे अपनी सफलता का मापदण्ड न बनने दें.

ईर्ष्या मानसिक शक्ति व ऊर्जा को बरबाद करती है. इससे बचिए, यह आपकी अप्रसन्नताओं का मूल है. सामान्य योग्यता का व्यक्ति महान व्यक्तियों के प्रति केवल जवलनशील ही हो सकता है.

वह व्यक्ति बुद्धिमान कहलाता है जो उन चीज़ों के प्रति आसक्ति नहीं रखता है जो उसके पास नहीं है बल्कि उन चीज़ों के प्रति हमेशा आभार प्रदर्शित करता है जो उसके पास हैं. अगर आप हमेशा यही तुलना करते रहेंगे कि आपके पास यह है और वह नहीं है तो आप सदैव दुखी रहेंगे. इसके बजाए आप यह तुलना करें कि आप किस चीज़ की प्राप्ति की योग्यता रखते हैं और आपके पास क्या है तब आप खुश रहेंगे. प्रशंसा करने की आदत डालें. ईर्ष्या से किनारा कर लें.

खरा सोना # 92

अधिकतर की विफलताओं में सफलता का बहुत योगदान है

महान क्षमताओं वाले कितने लोगों को आप जानते हैं? वे सब कहां हैं? अगर महान क्षमताओं वाले लोग कम मिलते हैं तो उसका कारण यह है कि वे अपनी जीत को ढंग से संभाल नहीं पाते हैं. दो समय ऐसा होता है जब आदमी सब कुछ छोड़कर शांत बैठ जाता है एक अपनी भूल के बाद और दूसरा सफलता मिल जाने के बाद.

एक बार अगर आप गतिशील हो जाते हैं तो वैसे ही बने रहिए. क्या पहला निशाना सध जाने के बाद मायकल जार्डन ने शूटिंग करना बंद कर दिया? क्या पहली पुस्तक के प्रकाशन के बाद जॉन ग्रीशम ने पुस्तक लिखना बंद कर दिया? सफल व्यक्ति यह जानते हैं कि उनकी हर विजय के बाद उन्हें और भी चुनौतीपूर्ण अवसरों से निपटना चाहिए.

सफलता का सबसे बड़ा लाभ और भी अवसरों का लाभ उठाना है. जॉन विकर के अनुसार, ''अवसर'' को पकड़ने से वे बढ़ते ही जाते हैं.'' जितना अधिक आप करेंगे उससे ज़्यादा और आप कर सकते हैं.

नार्थ कैरोलिना क्रिश्चियन एडवोकेट के अनुसार, ''शायद यह अच्छा ही है कि आपके सारे सपने पूरे नहीं हुए हैं. क्योंकि जिसकी आप इच्छा रखते हैं वे सब चीज़ें मिल जाने के बाद आप दुखी हो जाएंगे. हमेशा प्रयास करते रहना और असंतुष्ट रहना, गतिशीलता की कुंजी है.'' मैं यह नहीं सुझाव दे रहा हूं कि आप बीच यात्रा में ही मत रूकिए और गुलाब की खुशबू का आनंद मत लीजिए. गुलाब का फूलने का आनंद इतने देर तक मत लीजिए कि उसकी पंखुड़ियां मुरझा कर गिर जाएं, उसकी शाखाएं टूट कर गिर जाए और सिर्फ कांटे बचे रह जाएं.

किसी महत्वपूर्ण गंतव्य की तरफ बढ़ने से पहले आप यह जरूर ठान लें कि आप वहां जाकर रूकने वाले नहीं हैं. हर विजय के साथ सुख, आराम और धन जरूर मिलता है लेकिन आराम से प्रसन्नता तथा धन की तुलना आप सफलता से नहीं कर सकते हैं.

सफलता का अर्थ आपकी प्राप्ति से नहीं है, बल्कि प्राप्ति के अब आप आगे क्या करना चाहते हैं यह तय करना है. अगर आपने जो किया है उससे संतुष्ट हो जाएंगे तो आगे आप जो करेंगे उससे कभी भी आपको प्रसिद्धि नहीं मिलेगी.

अपने जीवनकाल में इस बात का ध्यान रखें–

कल बहुत कुछ और करना होगा

अतीत में मिली सफलता से जो आगे नहीं बढ़ पाते हैं

विफलता उनकी प्रतीक्षा करती है.

(अनाम)

खरा सोना #93

मोनालिसा बनिए – दीवार की तरफ पीठ रहने पर भी वह मुस्कुराती रहती है

उत्साह हर चीज़ को बदल देता है. आप हर दिन की लंबाई को तो बदल नहीं सकते हैं परंतु उसमें हंसी–मजाक और उत्साह को मिश्रित करके उसके प्रभाव को कम कर सकते हैं. अगर जीवन के बारे में आप उत्साहित रहेंगे तो जीवन आपके बारे में उत्साहित रहेगा.

विलियम वार्ड ने कहा है, ''उत्साह और दृढ़ता एक औसत व्यक्ति को भी श्रेष्ठ बना सकती है; उदासीनता और सुस्ती एक श्रेष्ठ व्यक्ति को भी औसत बना सकती है.'' प्रसन्नता को टालिए मत.

अगर आप अपने आपको रात्रि में कुत्ते की तरह थका महसूस करते हैं तो इसका अर्थ यह है कि आप दिन भर भौंकें हैं. अपने आप पर हंसना सीखिए. मजाकिया व्यक्ति दूसरों को तो बोर कर सकता है किंतु स्वयं को कभी नहीं.

उत्साह एक आंतरिक प्रक्रिया है. चैक स्विन्डॉनल के अनुसार, ''ईश्वर ने जो भी चीज़ें बनाई, उसमें से 'हंसी' के लिए मैं उनका आभारी हूं.'' जीवन में हास्य का वहीं स्थान है जो ऑटोमोबाइल्स में शॉक अब्जार्बर का. जीवन के ऊबड़–खाबड़ रास्ते पर हास्य के लिए ईश्वर को धन्यवाद दीजिए.

दूसरों को प्रभावित करने का सबसे बेहतरीन शक्तिशाली तरीका उनकी तरफ देखकर मुस्कुराना है. आप पूरी तरह से सजधजकर तब तक तैयार नहीं कहलाएंगे जब तक मुस्कुराएंगे नहीं. मुस्कुराहट आपके चेहरे को निखारती है.

मुस्कुराहट संपत्ति है, अप्रसन्नता या तेवर चढ़ाना दायित्व है. कुछ लोग चिड़चिड़ाते हुए खुद को झेलते हैं और कुछ मुस्कुराहट से अपनी परेशानियों को बदल डालते हैं. मुस्कुराना, खुश रहना, उत्साही रहना आपकी अपनी इच्छा है परिणाम नहीं. यह आपके व्यक्तित्व को और अन्य लोग आपके बारे में क्या सोचते हैं इसको प्रभावित करती है.

उत्साह और आशावादिता दोनों ही छूत की तरह हैं. इन दोनों को आप चारों तरफ कितना बिखेरते हैं? यह हमारा आचार–विचार ही है जो लोगों को बताता है कि हम

उनसे क्या उम्मीद रखते हैं. डेनिस वेटले के अनुसार, ''एक सकारात्मक विचार रखने वाले व्यक्ति को सामने तटस्थ और अलग रह पाना बहुत कठिन है. हर दिन हमारी हंसी हमें नकारात्मक लोगों से दूर रखती है.

असीमित उत्साही व्यक्ति को हर चीज़ में सफलता हाथ लगती है. अल्बर्ट आंइस्टीन के अनुसार ''मेरे विचार में श्रेष्ठ रचनात्मक कार्य उदासीन रहकर कभी नहीं किया जा सकता है.''

उत्साह आपके जीवन को सही नज़रिए से देखना सिखाता है. हेलन केलर ने कहा है, ''धूप की दिशा में अपना चेहरा रखिए, आपको छाया कभी दिखेगी ही नहीं.'' जीवन पर आक्रमण करने के लिए, उसका सामना करने के लिए मुस्कुराहट एक शक्तिशाली, सकारात्मक हथियार है.

उत्साह से हर महत्वपूर्ण सफलता प्राप्त की जा सकती है. अगर उत्साह की वजह से आप एक अवसर को खो देते हैं तो समझिए अनुत्साही होकर आप सौ अवसरों को खो सकते हैं. जब तक किसी काम को करने में आपको मज़ा नहीं आएगा तब तक उस कार्य में आपको सफलता नहीं मिलेगी.

खरा सोना # 94

जीत की प्रक्रिया, कार्य आरंभ करने से शुरू होती है (राबर्ट शलर)

हर बड़ी चीज़ की शुरूआत छोटे से कदम से होती है. कोई भी महान चीज़ अचानक ही तैयार नहीं हो जाती है. धीरे-धीरे करके ही हर चीज़ को बनाया जा सकता है. आप चूंकि बहुत थोड़ा कर सकते हैं इसलिए कुछ मत करिए – ऐसा नहीं सोचना चाहिए.

वे व्यक्ति जो सोचते हैं कि वे छोटा काम करने के लिए बने नहीं हैं वे शायद बड़ा काम करने के लायक ही नहीं है. बड़े-बड़े उद्योगों की संरचना छोटे-छोटे अवसरों का लाभ उठाने से ही होती है.

एक छोटी-सी चीज़ के पीछे बड़ा-सा अवसर छिपा रहता है. छोटी चीज़ें ही बड़ा अंतर उत्पन्न करती हैं. अत: छोटे-छोटे कार्यों में सफलता पाने की कोशिश करें.

एक प्रार्थना जो मैं अक्सर करता हूं वह है, ''हे ईश्वर मेरे जीवन में छोटे-छोटे अवसर प्रदान करो.'' मुझे मालूम है कि अगर मैं छोटे कार्यों के प्रति वफादार रहूंगा तो बड़े अवसर मुझे अवश्य मिलेंगे.

अगर आप छोटे कार्यों को शानदार तरीके से नहीं कर सकते हैं तो आप महान कार्य कभी नहीं कर पाएंगे. हम कठिन परिस्थितियों को आसान और आसान परिस्थितियों को कठिन बना सकते हैं.

जिन व्यक्तियों में गति है और जिनमें नहीं, उनके बीच सबसे बड़ा अंतर यह है कि गतिशील व्यक्ति छोटे-छोटे अवसरों का लाभ उठाकर आगे बढ़ जाता है. कई बार असंभव चीज़ों को संभव बनाने के लिए प्रयास ही नहीं किया जाता. मुझे सबसे बढ़िया सलाह यह मिली ''कुछ करो.''

शुरूआत करने का साहस ही सबसे बड़ा साहस है, जो सफलता दिलाता है. यह साहस ही है जो स्वप्नदर्शियों से उपलब्धिकर्त्ताओं को अलग करता है.

किसी भी उद्यम का एक सबसे बड़ा हिस्सा कार्य की शुरूआत करने से ही डरता है. सफलता का 90% रहस्य रूचि प्रदर्शित करना और शुरूआत करना है. अगर आप

असफल होते हैं तो आप निराश जरूर होंगे किंतु यदि आप प्रयत्न ही नहीं करेंगे तो दुर्भाग्यशाली जरूर कहलाएंगे.

धोखा मत खाइए. आप किस दिशा की तरफ जाना चाहते हैं सिर्फ इस बात की जानकारी होना ही काफी नहीं हैं–चलने की शुरूआत तो आपको करनी ही होगी. कदम दर कदम उत्तेजना को खोजिए. जीतने के लिए शुरूआत तो कीजिए.

पहला कदम सबसे कठिन होता है. डब्लू. क्लेमेंट स्टोन के अनुसार, ''अधिकतर व्यक्ति इसलिए असफल होते हैं क्योंकि वे शुरूआत करने की प्रक्रिया में भाग ही नहीं लेते. आगे बढ़ते ही नहीं. जड़ता को दूर ही नहीं करते. वे प्रारंभ ही नहीं करते.'' निरूत्साही मत हों. छोटे–छोटे कदम जुड़ते हैं और बहुत शीघ्र ही श्रृंखला बना लेते हैं.

शुरूआत करने का साहस करें. बिना कोशिश के हर उद्यम व्यर्थ होता है. जब तक आप किसी काम की शुरूआत ही नहीं करेंगे, तब तक आप यह जानेंगे कैसे कि आप उस काम को कर सकते हैं या नहीं? पेड़ों की तरह व्यक्ति भी या तो बढ़ते या नष्ट हो जाते हैं. एक स्थान पर खड़े मत रहिए. जो कर सकते हैं कीजिए. एन हिल के अनुसार, ''हमेशा आगे बढ़ते रहिए.''

खरा सोना # 95

आपके कल को तराशने में भय एक कमजोर छेनी का कार्य करता है

आपका स्वयं का भय आपका सबसे बड़ा शत्रु है. विलियम जार्डन के अनुसार– ''चिंता उस देशद्रोही के समान है जो हमारी शक्ति को घटाकर हमारे उद्देश्य को कमजोर बना देता है.''

विलियम वार्ड ने विश्वास और चिंता को मध्य के अंतर को बताते हुए कहा– ''चिंता का अर्थ, नकारात्मकता में विश्वास, अप्रसन्नता में भरोसा, घोर विपत्ति में आश्वासन और हार में आस्था है... चिंता वह चुंबक है जो नकारात्मक दशाओं को अपनी तरफ आकर्षित करता है. विश्वास वह शक्तिशाली ताकत है जो सकारात्मक स्थितियों को जन्म देता है... अतीत की कठिनाइयों के आने वाले के कल के अवसरों को अस्त व्यस्त करने में आज का समय बरबाद करना ही चिंता है.''

अधिकांश युद्धों में हुई हार का कारण क्या है? शत्रु की ताकत को लेकर मन में उपजा हुआ भय. ए पुर्नेल बेले के अनुसार चिंता एक कुहरे के समान है: ''दि ब्यूरो ऑफ स्टैंडर्ड्स वाशिंग्टन के अनुसार सात शहरों के ब्लाक को घेरनेवाले, सौ पक्ष गहरा कुहरा केवल एक गिलास से भी कम पानी से बनता है. पानी की यह मात्रा 60,000,000 छोटी बूंदों में बांटी जाती है. ऐसे तो यह कुछ भी नहीं लगता किंतु जब यही छोटे कण शहर या कस्बों पर छाते हैं तो कुछ भी दिखाई देना बंद हो जाता है. चिंता से भरा एक प्याला यही कार्य करता है. हमारे विचारों के आस–पास जमा ये छोटी–छोटी क्षुब्धता व खीज की बूंदें हमें व हमारे विचारों को अंधा बना देती है.

डेल कार्नेगी ने लिखा है–''एक वृद्ध व्यक्ति से यह पूछा गया कि उसके जीवन से खुशियां किसने चुरा लीं. उसने कहा, ''उन घटनाओं ने जो कभी घटी ही नहीं.'' डर यह चाहता है कि आप उन चीज़ों से दूर भागें जो आपका पीछा कर ही नहीं रही हैं. भयभीत नज़रों से भविष्य की ओर ताकना उचित नहीं है.

क्या आपको याद है आप एक साल पहले किन बातों से डरते थे? उनका क्या हुआ? क्या आपने उन सभी पर अपनी ताकत व्यर्थ नहीं गंवाई? क्या उनमें अधिकांश

सहीं नहीं साबित हुई? जिन चीज़ों के बारे में हम चिंता करते हैं उनमें से 99% कभी घटती ही नहीं.

मैं क्या करता हूं. मैं इस प्रसिद्ध सलाह को मानता हूं– ''रात में मैं अपनी सभी चिंताए और भय ईश्वर को सौंप देता हूं वह तो ऊपर रातभर रहेगा ही.'' पीटर की पुस्तक के अनुसार–''उस ईश्वर को अपनी सभी चिंताएं और परेशानियां सौंप दो क्योंकि वह आप और आपसे संबंधित सभी बातों के बारे में सोचता और देखता रहता है.''

भय पर आधारित कोई निर्णय कभी न लें. किसी भी चीज़ को 'शक का लाभ' न लेने दें. शक से कोई लाभ नहीं होता. वास्तव में देखा जाए तो आप जिस चीज़ से भयभीत होते हैं उसी को आसानी से कर सकते हैं.

खरा सोना #96

दुष्परिणाम के लिए तैयार हों तभी अपने गुस्से को भड़कने की इजाजत दें

फिलिपिनों की कहावत के अनुसार–''आज के गुस्से को कल पर टाल दें.'' (फिर इसी नियम को कल और फिर उसके अगले दिन भी अपनाते जाएं). अगर आप गुस्सा हैं तो आधुनिक विज्ञान से शिक्षा लें, गुस्सा दागने से पहले हमेशा गिनती करें. केवल दस तक की गिनती काफी नहीं होगी, कभी–कभी इसे बीस तक भी ले जाएं.

सेनेका ने कहा है, ''क्रोध का इलाज है विलम्ब करना. एक मुहावरे के अनुसार जिसे गुस्सा देर से आता है वह शक्तिशाली ईश्वर से भी बड़ा है और बड़ी से बड़ी शक्तियों पर विजय प्राप्त कर सकता है.''

अपने दिल में आग लगाना हवा को प्रदूषित करना है जब आप गुस्से में होते हैं आपके दिमाग में कितने महान विचार जन्मे थे? खराब मूड में आने पर आपने कितने 'मूल्यवान शब्दों' का प्रयोग किया था? अगर आप हमेशा क्रोधित रहेंगे तो कभी भी सफल नहीं हो पाएंगे.

'क्रोध' शब्द 'खतरा' से एक शब्द कम है. ऐसे व्यक्ति जो हमेशा क्रोध में रहते हैं वे काफी पीछे छूट जाते हैं. अगर आप गुस्से में अपना दिमाग खो देते हैं तो उसका इस्तेमाल कैसे करेगें?

क्रोध का सबसे बड़ा परिणाम बदला या बदले की भावना है. मानव हृदय में बसी बदले की भावना देती कम और खर्चा ज़्यादा कराती है. दुनिया में सबसे लंबे समय तक चलने वाले अनबन का कारण एक दूसरे के साथ बराबरी करना है. फ्रांसिस बैंकने के अनुसार, ''बदला लेने से बदला लेने वाला व्यक्ति अपने शत्रु के समतुल्य हो जाता है. लेकिन अगर वह अपने गुस्से को काबू में कर ले तो उससे श्रेष्ठ हो जाता है.''

समतुल्यता के लिए किए गए प्रयास में समय बरबाद करने से बेहतर है आगे बढ़ने के लिए प्रयास करना. बराबरी करने के चक्कर में आप हमेशा उल्टे–सीधे काम करेंगे. एक पुरानी अंग्रेजी कहावत के अनुसार, ''बदला एक ऐसा पकवान है जिसे ठंडा करके खाना चाहिए.''

मार्कस एंटोनियस का कहना है : ''जरा सोचिए तो जिन चीज़ों की वजह से आप दुखी और गुस्सा होते हैं उनसे कितनी अधिक तकलीफ आपको अपने गुस्से और तकलीफ के कारण से उठानी पड़ती है. ''डेविड ह्व्यूम ने कहा, ''वह व्यक्ति प्रसन्न रहता है जिसकी स्थितियां उसके स्वभाव से मेल खाती हैं किंतु वह व्यक्ति उत्कृष्ट है जो अपने स्वभाव का मेल किसी भी स्थिति से करा लेता है.'' क्रोध वह धमाका है जिसे आप किसी की भी तरफ फेंके उसकी गूंज आपको जोर से चोट पहुंचाती है. अपने गुस्से पर काबू रखें. किसी और को इसकी जरूरत नहीं है.

खरा सोना #97

अपनी कठिनाइयों के लिए आप स्वयं ज़िम्मेदार हैं कोई और नहीं

इतिहास में वेयने ग्रेस्की को हाकी का महानतम खिलाड़ी कहा जाता है. जब उससे यह पूछा गया कि वर्ष दर वर्ष नेशनल हाकी लीग की तरफ से नेतृत्व करते हुए गोल बनाते रहने का राज क्या है तो उसने कहा–''गेंद जहां तक जाने वाली है मैं वहां तक जाता हूं न कि वहां तक जहां कि वह गयी है.''

अधिकतर व्यक्ति ऐसे हैं जो कम उम्मीद रखते हैं. थोड़ा चाहते हैं, उन्हें थोड़ा ही मिलता है और वे थोड़े ही में संतुष्ट हो जाते हैं. सपने देखने का अर्थ किसी बात में बिना साक्ष्य के विश्वास रखना नहीं है बल्कि परिणाम की परवाह किए बगैर सपने देखने का साहस करना है. मैं इस बात में पूर्णत: विश्वास रखता हूं कि अगर हम कई बातों को असंभव न मानें तो उन्हें अवश्य प्राप्त कर सकते हैं.

जिम स्टोवल ने कहा है, ''घर छोड़ने से पहले इस बात का इन्तज़ार न करें कि सारी रोशनी आपके लिए हरी हो जाए.'' कभी यह न कहें कि परिस्थितियां आपके अनुकूल नहीं है. यह आपको हमेशा सीमित कर देगा. अगर आप परिस्थितियों के अनुकूल होने की प्रतीक्षा करेंगे तो कभी कोई काम नहीं कर पाएंगे.

जो साहस करते हैं वे कार्य करते हैं, जो साहस नहीं करते वे कार्य नहीं कर पाते. ऐसा कोई भी कार्य न करें जिसमें दूरदर्शिता की जरूरत न हो. ईसाक डाइनसन ने कहा, ''ईश्वर ने दुनिया गोल इसलिए बनाई है जिससे सड़क के बहुत दूर की चीज़ें को देख पाएं.'' वह व्यक्ति जो किसी चीज़ के लिए साहस नहीं करता उसे किसी चीज़ की आशा भी नहीं रखनी चाहिए.

मैं वाकई इस बात में विश्वास रखता हूं कि जीवन को अगर जीना है तो पर्दे से बाहर आना होगा. भविष्य उनका है जो नए विचार को जन्म देते हैं, जहां तक किसी की नज़र न पहुंची हो वहां तक देख लेते हैं. और देर होने के पहले कार्य की शुरूआत कर देते हैं.

अपनी सोच से पहले अपने विश्वास को जन्म दीजिए. अमहत्त्वपूर्ण गामलों के लिए जोखिम उठाने से कभी बड़ी उपलब्धियां हासिल नहीं होती है. हेनरी स्टर्न के अनुसार

''अगर आप चीतों के शहर में खरगोश का शिकार करने आए हैं तो चीतों पर निज़र रखनी जरूरी होगी. किंतु अगर चीतों का ही शिकार करना है और खरगोश की तरफ ध्यान नहीं देंगे तो भी चलेगा. खरगोशों से यानी छोटी छोटी चीज़ों की तरफ ध्यान मत दीजिए. अपनी निगाह ''बड़े लक्ष्यों'' की तरफ रखिए.

अगर आप हमेशा सावधानी से बरतते रहेंगे तो आप जड़ हो जाएंगे. कभी–कभी आगे बढ़ते ही जाइए. अगर आपका भय आपको 'वापिस आओ' भी कहता है तो भी पीछे मत लौटिए.

हमारी नियति, भाग्य हमसे कहना है–''किनारे पर आओ.''

हम कहते हैं– ''बहुत ऊंचाई हैं–गिस सकते हैं''

भाग्य कहता है– ''किनारे पर आओ.''

और हम आगे बढ़ते हैं.

और हमारा भाग्य हमें धक्का देता है.

और हम उड़ जाते हैं.

खरा सोना #98

देना ही जीवित रहने का रहस्य है

किसी भी व्यक्ति को पहचानना हो तो वह क्या कहता है इस पर गौर करना चाहिए. इससे भी आसान अच्छा तरीका, वह क्या करता है यह देखना चाहिए. सर्वोत्कृष्ट तरीका तो वह क्या देता है इस पर ध्यान देना चाहिए. एलिजाबेथ बाइबेस्तो के अनुसार– ''वे भाग्यशाली हैं जो बिना याद रखे दे सकते हैं और बिना भूले ले सकते हैं.'' सबसे बड़ी समस्या यह नहीं है कि आपके पास क्या है और क्या नहीं है बल्कि यह है कि क्या नहीं दिया है.

चार्ल्स स्पूरजियन के अनुसार– ''हमेशा दूसरों को देने की सोचो.'' एक भारतीय कहावत के अनुसार ''अच्छे व्यक्ति उस बादलों की तरह होते हैं जो सिर्फ देने के लिए प्राप्त करते हैं.''

जो शीघ्र हो वही उदारता सबसे अच्छी है. जल्दी देना दुबारा देने जैसा है. अगर आपने मांगने के बाद दिया तो काफी लंबा समय बरबाद कर दिया.

आपके जीवन में जो कुछ भी अच्छा होता है वह आपके अपने पास रखने के लिए नहीं होता. इसका कुछ हिस्सा दूसरों को देने के लिए होता है. मैं. ई. वी. हिल की इस बात से सहमत हूं– ''आपसे ईश्वर को जो भी मिलता है वह आपको देता है.''

एक्ट्स की पुस्तक कहती है–''देना, लेने से कहीं ज़्यादा बेहतर है.'' देना हमेशा दूसरों के लिए हमारा प्यार दर्शाता है. एलनार रूजवेल्ट के अनुसार– ''जब आप अपना अंशदान देना बंद कर देते हैं तो आपकी मृत्यु शुरू हो जाती है.'' लेने वाले को प्रसन्नता नहीं मिलती, देने वालों को मिलती है.

अगर आपको अपने लिए जीवित रहना है तो आपको दूसरों के लिए जीवित रहना पड़ेगा. वह व्यक्ति हमेशा ऊंचाई पर पहुंचता है जो कहता है–''मैं सेवा करूंगा.'' जॉन वेस्ले के अनुसार–''जितना बना सकते हैं बनाइए, जितनी बचत कर सकते हों कीजिए और जितना दे सकते हों दीजिए. यह सफल जीवन के लिए एक अच्छा फार्मूला है.

कुछ लोग सब कुछ देने के लिए हमेशा तैयार रहते हैं. कुछ लोग जो बेहद भावुक होते हैं वे तकलीफ पाने की हद तक देते ही जाते हैं. हमें जो कुछ भी मिलता है उसे हम अपने लालच की वजह से खो देते हैं. माइक मॉर्डक के अनुसार– ''देना इस बात का सबूत है कि आपने लालच पर विजय पा ली है.''

यदि आपके पास है तो दीजिए. यदि आपके पास कम है तो भी दीजिए. जी. डी. बोर्डमन ने कहा– ''फसल का नियम यह है कि जितना बो सकते हो उससे ज़्यादा काटो.'' यह सत्य है देने वाले का हमेशा मिलता है.

स्वार्थ हमेशा स्वयं का नाश करता है, जॉन रस्किन ने पते की बात कही है, ''जब कोई व्यक्ति सिर्फ अपने बारे में ही सोचता है तो काफी छोटा नज़र आता है.

हेनरी ड्रमन्ड ने कहा है, ''रहने या प्राप्त करने में नहीं बल्कि देने से खुशी हासिल होती है.'' आप कितना देते हैं इससे आपकी उदारता की परीक्षा नहीं होती बल्कि आपके पास कितना बचा है इससे होती है.'' हेनरी कोरियो के अनुसार, ''धन के साथ–साथ आप स्वयं को भी अर्पित कीजिए.'' जो आप देते हैं, वही रहता है.

खरा सोना #99

निराशा कभी जीतती नहीं

हर एक व्यक्ति में आवेगी प्रवृत्ति होती है. प्रत्येक को किसी न किसी चीज़ से प्यार जरूर होता है. प्यार ही हमें बनाता और प्रोत्साहित करता है. यह हमारे आवेगी भाव को दर्शाता है. हेलन केलर ने कहा है–''अपना चेहरा धूप की तरफ रखिए और आप छाया नहीं देख पाएंगे'' उत्साहित होना परिणाम नहीं बल्कि आपका चुनाव है.

जिस चीज़ के प्रति आपको लगाव है आप उससे अगर दूर भागते हैं तो समझिए आप अपने भीतर की क्षमता से दूर भागते हैं. बिना भावावेश के कुछ हासिल नहीं होता. नीति की पुस्तक में लिखे इस सफल सिद्धांत का पालन कीजिए–''जो भी आप करना चाहते हैं पूरी ताकत के साथ कीजिए.''

अधिकतर विजयी पहले अपने भावावेश की वजह से कुछ न कुछ खो चुके हैं. एक निरूत्साही व भावशून्य व्यक्ति संसार का सबसे बड़ा कंगाल है, जब आप अपने विश्वास में आवेग को भी मिश्रित कर लेते हैं तो आप प्रशंसा के योग्य हो जाते हैं. विश्वास जितना सोच भी नहीं पाता प्रशंसा प्राप्त कर लेता है.

अगर आपमें प्रशंसनीय आवेश हैं तो आप जिन चीज़ों का ख्याल रखते हैं उन्हें छोड़ने के अलावा अपने जीवन के साथ जो करना चाहें कर सकते हैं. मेरे मित्र माइक मुर्डोक का कहना है–''अपने भीतर छिपे आवेशपूर्ण अनुराग और उत्साह ही आपके भाग्य का निर्माण करते हैं. आप किससे प्यार करते हैं, यह इस बात की ओर इंगित करता है कि आप क्या हैं.

जीवन या तो आवेग है या कुछ भी नहीं. हेनरी फ्रेडरिक एमील के अनुसार–''बिना आवेग या व्यक्ति केवल एक शक्ति या संभावना है ठीक उस चकमक पत्थर की तरह जिसे अपनी चमक दिखाने के लिए लोहे का झटका सहन करना पड़ता है.

आवेग आपके पलीते में चमक का कार्य करता है. वास्तव में जितनी बड़ी चुनौती या अवसर होगा उतना ही अधिक उत्साहित होने की जरूरत होगी. सफल जीवन के

लिए इस सलाह को जरूर अपनाइए, ''ऐसी बहुत चीज़ें हैं जो मेरी नज़रों को आकर्षित करती हैं, किंतु ऐसी चीज़ें बहुत कम हैं जो मेरे हृदय को प्रभावित करती हैं... ये वहीं है जिनका मैं अनुसरण करना चाहता हूं (रिम रेडमण्ड).

खरा सोना # 100

''सज्जनो, हमारे चारों तरफ अवसर ही अवसर बिखरे पड़े हैं'' (पोगो)

कभी-कभी अपने शहर के विभिन्न भागों से गुजरते हुए मैंने कई तरह के व्यवसाय देखे हैं. कई बार मैं रूककर यह सोचता हूं कि ''यह किसी का सपना है, यह किसी का अद्‌भुत विचार है, यह किसी के लिए बहुमूल्य अवसर है.'' हमारे चारों तरफ महत्त्वपूर्ण अवसरों और विचारों की भरमार रहती है. राल्फ बाल्को एमरसन के अनुसार-''ईश्वर वस्तुएं हमारे समीप रखकर हमसे ही छिपाता है.'' सर्वश्रेष्ठ अवसर और विचार हमारे नजदीक ही छिपे रहते हैं. लेकिन आपको उन्हें खोजना तो पड़ेगा. आप अपने अगल-बगल या तो हजारों अवसर प्रतिदिन पा सकते हैं या फिर एक भी नहीं. आप अभी जहां है वहां ही कोई बड़ा अवसर छिपा हो सकता है.

अधिकतर व्यक्ति अपना संपूर्ण जीवन अवसरों को पहचानने में नहीं बल्कि समस्याओं को हल करने में बिता देते हैं. बुद्धिमत्ता, योग्यता और शक्ति के निर्माण से महत्त्वपूर्ण वृद्धि संभव है न कि समस्याओं को सुलझाने से. आपने अवसर को अपने दरवाजे पर दस्तक देते कब सुना? आपने उस दस्तक का जवाब कैसे दिया? चार्ल्स फिलमोरे का कहना है,''अवसर तो हमेशा हर जगह बिखरे पड़े हैं, वैसे ही जैसे पहले थे.''

जो अवसर आपके जीवन से सकारात्मकता उत्पन्न करते हैं आप सिर्फ उनकी तरफ ध्यान दीजिए और जो सताते हैं उनकी तरफ ध्यान मत दीजिए. ऐसा बहुत बार होता है कि व्यक्ति अपना अधिकांश समय, प्रयास और ध्यान उन चीज़ों की तरफ लगाते हैं जो उनके लिए उत्पादक या लाभप्रद नहीं होती. जो चीज़ें आपके नियंत्रण के बाहर हैं उन पर ध्यान हटाकर उन चीज़ों की तरफ ध्यान लगाइए जो आपके नियंत्रण में हैं. जीवन का सबसे दुखांत पहलू अवसर को बिना अहसास हुए खो देना है.

अर्ल नाइटिंगल के अनुसार, ''आप इस एक क्षण में असंख्य हीरों, के मध्य में खड़े हैं.''

हर क्षण जितना आप कर सकते हैं उससे अधिक करने की क्षमता आप में होती हैं. हर दिन आपके आस पास अवसरों का भण्डार छिपा रहता है.

मार्क केने की सलाह है, ''सफल व्यक्ति के पास हमेशा नई परियोजनाएं तैयार रहती हैं. इनमें से कोई भी एक परियोजना उसके जीवन की राह बदल सकती है.'' अवसर? वे हमारे आस पास हैं. अवसर चारों तरफ निष्क्रिय पड़े रहते हैं–जरूरत है एक चौकन्नी निगाह की, जो उनकी खोज कर ले.

अर्ल नाइटिंगल के अनुसार, ''जहां कहीं भी खतरा होता है, अवसर छिपे रहते है और जहां भी अवसर होते हैं वहां खतरा छिपा रहता है. इन दोनों को अलग नहीं किया जा सकता. ये साथ–साथ चलते हैं.'' सितारे तो हमेशा चमकते रहते हैं किंतु वे हमें तब तक नहीं दिखते जब तक घना अंधेरा न हो जाए. ऐसा ही अवसर के साथ है. समस्यायें अवसर हैं जो बहुतायत में हैं.

खरा सोना # 101

पैर में जूता अगर सही बैठता हो तो उसे मत पहनें

ऐसा अक्सर नहीं होता किंतु जब मैं अपनी पुस्तक ''लेट गो ऑफ व्हाटएवर मेक्स यू स्टॉप'' लिख रहा था तो मुझे अर्द्धरात्रि में यह विचार आया, ''अपनी औकात में सिमटकर मत रहिए.''

हालांकि सुबह के 4.30 ही बजे थे फिर भी इस विचार से मैं इतना उत्तेजित हो उठा कि मैंने अपनी पत्नी को जगाकर काफी देर तक इसके बारे उपदेश दिया. (उसने इतना ही कहा कि मेरा विचार तो बहुत अच्छा है किंतु उस वक्त सोने की ज़्यादा जरूरत है).

''अपनी औकात में सिमटकर मत रहिए''–यह कहने का मेरा तात्पर्य क्या है? मुझे लगता है कि हमें और भी बड़े कार्य, करने चाहिए और भी अधिक विश्वास रखना चाहिए तथा और भी महान लोगों से सम्पर्क रखना चाहिए. आपका दृष्टिकोण ही आपका परिणाम तय करता है. इसलिए बड़ी योजनाएं बनाइए.

मैं आपको बदहवास, जंगली या अमर्यादित होने के लिए नहीं उत्साहित कर रहा हूं. हमें निश्चित रूप से अपनी सीमा के भीतर खर्च करना चाहिए. किंतु वहीं पर रूक नहीं जाना चाहिए. अपने से अधिक चुस्त–उत्साही व्यक्तियों से सम्पर्क रखिए. अपने से अधिक जानकार व्यक्तियों को सुनिए. अपने से अधिक सफल व्यक्तियों से प्रश्न पूछिए. अपने से कम भाग्यशाली लोगों की तरफ सहायता का हाथ बढ़ाइए. जहां है वहीं खड़े मत रहिए.

मैं यह पूरे विश्वास के साथ कह सकता हूं कि वे व्यक्ति जो अपने को साधारण समझते हैं असल में वे साधारण होते नहीं. बल्कि वे भय से परिपूर्ण होते हैं. अपने जीवन में बैठे भय पर उन्होंने साधारणपन, तुल्यता और रूढ़िवादिता का चेहरा लगा रखा है.

अपने कमजोर या बरसाती दिनों के लिए इतनी पक्की योजनाएं भी मत बना लीजिए कि आज की धूप का आप आनंद ही ना ले पाएं. सुरक्षा की खोज करना छोड़ दीजिए. वेयने डॉयर के अनुसार–''केवल असुरक्षित व्यक्ति ही सुरक्षा की खोज में लगा रहता

है.'' आपकी योग्यता का स्तर कुछ भी हो, अपने जीवन काल में आप किसी क्षमता का जितना उपयोग कर सकते हैं उससे कहीं ज़्यादा क्षमता आपके अंदर छिपी होती है. जो आप अभी करना चाहते हैं उसे भविष्य के भरोसे मत छोड़िए. सपने सच्चे हों इसके लिए सपनों का होना जरूरी है.

अगर जूता पैर में सही बैठता हो तो उसे मत पहनिए. अगर आप ऐसा करेंगे तो अपनी वृद्धि को रोकेंगे. ''अपनी औकात के भीतर रहने'' जैसी उक्ति की अप्रभावशीलता के बारे में वेब्स्टर को अच्छी जानकारी थी. अगर आप उनके शब्दकोष में औकात या आय का खर्च खोजेंगे तो वह आपको ''औसत'' शब्द देखने के लिए कहेंगे. अगर आप अपने आय–कर की सीमा के भीतर रह रहें हैं तो इसका अर्थ यह हुआ कि आपने एक औसन जीवन बिताने के निर्णय किया है.

ऐसा करें: अपनी सीमाओं को पहचानों और उन्हें अनदेखा करें.

लेखक परिचय

जॉन मेसन इनसाइट इंटरनेशनल के संस्थापक तथा प्रेसिडेन्ट हैं जो कि लोगों को अपने सपनों को साकार करने तथा मंज़िल पाने हेतु मददगार एक संगठन है. जॉन एक प्रभावशाली वक्ता हैं जिनकी अमेरिका तथा विदेश में अनेक चर्चों तथा सम्मेलनों के प्रभावशाली वक्ता के रूप में प्रतिष्ठा है.

जॉन मेसन अनेक बेस्ट सेलिंग पुस्तकों के लेखक हैं, जिनमें शामिल हैं:

एन एनिमी कॉल्ड एवरेज

यू आर बॉर्न एन ओरिजिनल – डोन्ट डाई अ कॉपी!

लेट गो ऑफ व्हाटएवर मेक्स यू स्टॉप

कॉन्क्यूरिंग एन एनिमी कॉल्ड एवरेज

प्रोवर्ब्स प्रेयेर्स

आस्क... (लाइफ़्स मोस्ट इम्पॉर्टेन्ट आन्सर्स आर
फाउण्ड बाई आस्किंग द राइट क्वेशचन्स)

आप उनसे इस पते पर सम्पर्क कर सकते हैं.

जॉन मेसन
पो.ऑ. बॉक्स 54996
टुलसा, ओके 74155